Australian Government
AusAID

中华人民共和国商务部
MINISTRY OF COMMERCE OF THE PEOPLE'S REPUBLIC OF CHINA

中澳环境发展伙伴项目（ACEDP）

自然资源管理中的
公众参与和性别主流化

Public Participation and Gender Mainstreaming in Natural Resource Management

主编 刘永功 刘燕丽 Joe Remenyi 汪力斌

中国农业大学出版社
·北京·

内容简介

本书重点介绍自然资源管理中公众参与和性别平等有关的理论概念、方法和相关案例。内容安排上将公众参与、性别平等和社会性别意识贯穿于自然资源管理和环境保护项目的整个管理周期及公众参与和社会影响管理的全过程。

本书内容共分为五部分：

（1）自然资源和环境保护项目中贯彻公众参与和性别主流化的必要性和参与、性别平等的概念；

（2）自然资源管理和环境保护项目生命周期中实施公众参与和性别主流化的程序和步骤；

（3）促进公众参与、性别主流化的工具和方法；

（4）如何在自然资源和环境保护项目管理中实现性别主流化；

（5）国内外自然资源管理中公众参与、性别平等和社会影响管理的成功案例，包括12个国内案例，4个澳大利亚案例和4个其他国家的案例。

图书在版编目（CIP）数据

自然资源管理中的公众参与和性别主流化 / 刘永功，刘燕丽，Joe Remenyi，汪力斌 主编.
—北京：中国农业大学出版社，2012.2
ISBN 978-7-5655-0474-7

Ⅰ.①自… Ⅱ.①刘… Ⅲ.①自然资源管理–公众参与 Ⅳ.①S18–53

中国版本图书馆CIP数据核字（2012）第 018149号

书　　名 自然资源管理中的公众参与和性别主流化
作　　者 刘永功　刘燕丽　Joe Remenyi　汪力斌　主编

策划编辑	梁爱荣	**责任编辑**	梁爱荣　王登喜
封面设计	郑　川	**责任校对**	王晓凤　陈　莹
出版发行	中国农业大学出版社		
社　　址	北京市海淀区圆明园西路 2 号	**邮政编码**	100193
电　　话	发行部 010–62818525,8625	读者服务部	010–62732336
	编辑部 010–62732617,2618	出　版　部	010–62733440
网　　址	http://www.cau.edu.cn/caup	E–mail	cbsszs@cau.edu.cn
经　　销	新华书店		
印　　刷	涿州市星河印刷有限公司		
版　　次	2012年4月第1版　　2012年 4月第1次印刷		
规　　格	787 × 1092　　16开本　　10 印张　　250 千字		
定　　价	48.00元		

致　谢

《自然资源管理中的公众参与和性别主流化》是在中澳环境发展伙伴项目（ACEDP）的资助下编写的。本书的内容框架和方法案例是通过中澳合作“性别平等、公众参与和社会影响管理”项目开发的。在项目实施和本书编写过程中，编者得到了很多机构和个人的支持和帮助。值本书付梓杀青之际，作者对以下机构、领导、专家和同事表示衷心的感谢。

中澳环境发展伙伴项目协调办公室自始至终对项目的实施、培训手册的开发及本书的编写给予了全面的支持。澳方项目经理Gunther Mau先生，副经理裴晓东先生，项目主管王俊燕女士、徐长江先生，项目沟通主管张玮女士直接参与了项目的培训活动并对本书的设计、编写提供了系统的指导。

项目的中方主管机构商务部，项目核心伙伴机构国家发展与改革委员会、环境保护部、水利部、国家林业局对项目活动和本书的编写给予了大力支持。国家发改委国际合作中心霍恩全副主任、项目官员王媛女士直接参与了项目在苏州举办的培训班和社区实地调研，并在培训过程中对促进自然资源管理中公众参与和性别主流化的方法和步骤提出了极富建设性的建议。商务部主管项目官员罗煜处长、国家发改委国际合作中心的常皓处长参加了手册的审定会议，对手册的修改提出了具体建议。苏州市发改委陈华副主任为苏州培训班和实地调查做了周到细致的后勤安排，保证了培训的圆满成功。

ACEDP项目太湖项目的专家组组长Barry Hart先生和项目专家Clive Lyle先生邀请本书编写组参加了太湖污染治理项目中期研讨会，使作者充分了解了太湖流域的水环境管理面临的问题，为苏州培训提供了有价值的背景资料。ACEDP的湿地项目也与编写组分享了该项目的成果以及对公众参与及性别主流化战略的看法。

参加苏州培训的20多位学员对丰富本书内容和项目案例做出了直接的贡献。来自苏州和湖州发改委、环保局、水利局、妇联、农业局和林业局的学员，在为期四天的培训中表现出的参与热情、积极的学习态度和出色的参与能力，保证了培训的成功。他们各自工作中与GPS相关的经历和经验，丰富了本书案例的内容。

联合国开发计划署妇女发展基金（UN Women）Julia Broussard女士、郝阳女士花了大量时间阅读本书初稿内容，与作者分享了她们的理念，对本书的部分内容提出了改进建议。

中国农业大学人文与发展学院的博士生肖川、路冠军及硕士生宁鹏飞等同学参与了培训组织，并为本书编写工作付出了辛勤劳动。

自然资源管理中的公众参与和性别主流化，在中国尚处于起步和探索阶段，探索适合中国国情的公众参与模式和方法，需要政府部门、国际组织、专家及从事环境和资源管理工作的基层技术人员的共同参与和支持。本书是多方参与和支持的成果。

编写组

2011年11月

前 言

GPS是性别平等（gender equality）、公众参与(public participation)和社会影响管理(social impact management)的英文缩写。作为中澳发展合作的重要项目之一，2007年以来，中国商务部和澳大利亚国际发展署共同支持实施了“中澳环境发展伙伴项目”（Australia-China environment development partnership-ACEDP）。中国商务部和澳大利亚国际发展署（AusAID）是两国双边合作项目的主管部门；国家发改委、环保部、水利部和国家林业局是项目的中方核心伙伴；相关省、市对口单位，流域管理局，自然保护区，湿地管理局以及国内相关研究机构和大学等是子项目的合作伙伴或实施机构。

“性别平等、公众参与和社会影响管理（GPS）”是中澳环境发展伙伴项目（ACEDP）的重要子项目之一，旨在通过GPS的培训帮助相关方的官员增强和学习社会性别意识、公众参与和社会影响管理等方面的技术，从而提高他们对环境保护和自然资源管理项目的管理能力。澳大利亚IDSS咨询公司和中国农业大学国际农村发展中心（CIAD）是项目实施的技术咨询机构。

本书是在为参与中国-澳大利亚环境发展伙伴项目自然资源与环境管理的各层次和各相关部门的人员编写的培训参考教材基础上编纂而成的。本书系统阐述的公众参与和性别主流化的理论理念和促进公众参与的一套方法，能够使项目管理者对性别意识更敏感、更好地推动自然资源管理中的公众参与，从而使他们所制定的环境相关政策和管理自然资源的项目取得更好的社会效果，促进社会和谐发展。

本书的主要使用对象是ACEDP项目中方合作伙伴部委制定自然资源和环境管理政策的官员及地方从事项目管理和项目实施的技术和管理人员。他们对GPS理念和方法的认知和掌握将直接影响相关政策的制定和项目的实施效果。同时，本书也可用于一般政府项目执行官员、非政府组织（NGO）组织成员的能力培训教材。此外，本书也可用于大型投资项目社会影响评估和环境影响评估的实际操作指南。

GPS强调男性、女性在资源管理和环境保护项目中的平等参与，特别关注社区的参

与、提高社区对政策和项目的理解和实施项目的承诺。GPS强调使用参与式工具，和社区内部的资源使用者进行磋商，这样得来的信息使得政府官员能够在作环保或自然资源管理决策时既能贯彻环境和资源保护的政策目标，又充分考虑到公众的生计需求和资源保护对他们的可能影响，避免政策和项目实施中产生社会冲突和社会风险。

本书提出的GPS框架及实施GPS中使用的参与式工具和方法，可以应用到流域水资源管理，流域水资源调配，流域污染综合治理，自然保护区、湿地管理，生态林建设，流域生态补偿，林业生态补偿，大型环保项目，大型公共基础设施投资项目，一般商业投资和工业建设项目的前期立项、可研和项目设计、项目实施、项目验收评估和项目运行等整个项目生命周期中。使用者可以根据项目管理周期中的重点任务和项目内容，灵活地选择GPS框架中推荐的工具和方法。书中提出的GPS理念、框架和方法对实施上述项目的社会影响评估和环境影响评估具有更高的参考价值。

作为中澳合作项目的重要产出成果，本书内容既充分体现了中国国情，又借鉴了澳大利亚在自然资源管理，特别是水资源和土地资源管理政策和项目中公众参与的理念和成功经验，为ACEDP正在实施的子项目贯彻GPS的理念、引进相关的工具和方法提供了可选择的工具箱。

本书讲解GPS有关的概念和方法，通过使用案例学习的方法来说明主要观点。内容安排上体现出性别平等和社会性别意识贯穿于自然资源管理和环境保护项目的整个管理周期及公众参与和社会影响管理的全过程。

本书内容共分为五部分：

（1）自然资源和环保项目中贯彻GPS的必要性和GPS的概念；

（2）自然资源管理和环保项目生命周期中GPS的主流化；

（3）促进公众参与、性别主流化的工具和方法；

（4）如何在自然资源和环境保护项目管理中实现性别主流化；

（5）国内外促进公众参与和性别主流化的成功案例。

除案例外的每个单元均附有思考题和小组练习题，便于培训教师使用。

鉴于编写本书的时间较短，对中澳环境发展伙伴项目子项目的GPS成功案例未能做直接的调研和系统的整理，加之编者的水平所限，书中难免有错误和纰漏，敬请读者和使用者予以指正。

编 者

2011.10

目 录

CONTENTS

1 中澳环境发展伙伴项目（ACEDP）背景和GPS培训概述

本章主要介绍中澳环境发展伙伴项目的背景、核心子项目的内容及GPS子项目（性别平等、公众参与及社会影响管理）的整体情况，便于读者对本书中介绍的公众参与步骤和方法提出的背景及方法的推广作用领域、前景有一个概括的了解。

1.1 中澳环境发展伙伴项目背景

中澳环境发展伙伴项目(ACEDP，原中澳生态与环境发展项目)于2007年7月启动，为期五年，旨在帮助加强中国环境保护和自然资源管理能力和相关政策制定能力。项目主要侧重于水资源管理及流域综合管理。中澳环境发展伙伴项目的实施策略是通过高层政策对话、能力建设以及环境治理示范活动方面的合作，使中澳两国政府机构、组织和个人参与到国家环境政策的制定和实施过程中，促进两国间持续的伙伴关系。

商务部和澳发署是两国发展合作的主管政府机构，国家发展与改革委员会（以下简称为发改委）、水利部、环境保护部、国家林业局及相关省市对口单位、流域管理局、自然保护区、湿地管理局等是项目的合作伙伴和国内实施机构。政策研究项目的合作伙伴还包括国内的研究机构和大学。

整个ACEDP项目包括9个核心子项目（包括GPS项目）、3个培训子项目、12个伙伴合作项目，2011年项目又支持了12个延伸项目。ACEDP核心子项目实施分布图见图1–1。核心子项目及其内容以及相关合作方见表1–1。

图1–1 ACEDP核心子项目实施分布图

表1-1 ACEDP核心子项目的内容与合作方情况

项目名称	项目目标	中方合作伙伴
P0001.湿地管理政策、指南和能力建设项目	制定国际重要湿地的相关政策并改善机构协调机制	国家林业局、湿地保护管理中心
P0002.太湖水污染治理项目	完善市级、省级和流域层面的环境治理机制；提高湖泊生态恢复效果	国家发展与改革委员会
P0006.环境变化条件下的内陆河流管理	加强中国应对内陆河流域水资源短缺危机的能力，促进水资源综合规划工作及内陆河流域管理的相关政策和法规制定	甘肃省水利厅、清华大学、中国水利水电科学研究院、中国科学院寒区旱区环境与工程研究所
P0008.跨界水污染管理项目	提出运用法律、技术、经济措施解决跨界水污染问题的方法	环境保护部、中国环境科学研究院
P0014.性别平等、公众参与和社会影响管理项目	提高合作主流化GPS意识，同时加强他们在政策制定和实施过程中应用GPS的能力	商务部、国家发展和改革委员会、环境保护部、水利部、国家林业局
P0016.流域生态补偿政策和机制项目	提出适用的“生态补偿机制”的政策建议和相关的生态补偿框架活动建议	水利部、环境保护部与环境规划院
P0017.加强灌区管理和水权交易，提高水资源利用效率	加强河流管理能力和水资源分配能力，降低许多地区对地下水的依赖	水利部、黄河水利委员会
P0018.中国河流健康与环境流量项目	通过先进的河流健康监测方法和环境流量评估方法改善现有河流的状况	环境保护部、水利部
P0020.社会、环境影响评价和流域水污染控制中的公众参与项目	制定社会、环境影响评价和流域水污染防治方面的公众参与程序，以提高公众在此过程中的环保参与意识	环境保护部、环境保护部南京环境科学研究所

表1-1显示，虽然ACEDP项目中包括硬件技术的开发和支持，但项目的重点却是提高相关政府部门制定和实施相关的政策管理机制技术标准的能力标准、进而提高环境保护和自然资源管理的效果。除政府部门的能力建设外，项目更多地关注自然资源管理中的不同利益相关者的参与及社会影响的管理。这正是本书所关注的核心内容。

更多相关ACEDP项目信息，请浏览其网站www.acedp-partnership.org

1.2 性别平等、公众参与和社会影响管理（GPS）项目

性别平等、公众参与和社会影响管理（GPS）是ACEDP项目框架内的一个核心子项目。项目执行期为一年。

项目目标是通过试点培训，开发促进公众参与的框架、步骤和方法，提高项目中方合作伙伴在他们的工作领域内应用社会影响管理、公众参与和性别平等的意识，加强他们在政策制定和实施中应用促进公众参与和性别主流化方法的能力。项目将贯彻中澳环境发展伙伴项目的《性别平等、公众参与和社会影响框架指南》。

项目的中方合作单位是商务部、国家发展和改革委员会、环境保护部、水利部、国家林业局。项目的技术咨询机构是澳大利亚IDSS咨询公司和中国农业大学国际农村发展中心（CIAD）。

图1–2 ACEDP性别平等、公众参与和社会影响管理（GPS）项目启动研讨会，北京，2009年8月

中澳双方在设计和实施GPS项目中的政策对话和交流，促进国内多部门、多层次机构在开发GPS框架和内容中的参与，及与ACEDP其他相关子项目及其他国际组织的沟通和经验交流是GPS的三个重要特点，也是保证项目成功和成果推广的前提。

2010年7月12-15日，GPS项目在苏州为来自苏州和湖州各合作部门的政府官员提供了GPS方法培训。参加培训的包括两市的发改委、水利局、环保局、农业局和妇联的人员。苏州培训采用了参与、互动和案例研讨的方法，使来自各部门的官员有机会分享日常工作中与GPS有关工作经验，小组案例练习产出丰富了GPS的案例。通过培训增强了学员对流域污染治理中采用GPS的必要性认识，同时初步掌握了实际工作中运用GPS的工作流程和操作工具和方法。为加强学员对促进公众参与方法和工具的掌握，苏州培训还安排了一天时间进行入村的实地训练。

苏州培训之前，专家团队为培训准备了GPS培训手册，根据苏州培训学员的反馈意见和培训过程的使用效果，专家团队对手册的内容进行补充和修改。GPS培训包括了三大公共发展理念，即性别平等、公众参与和社会影响和社会冲突的管理。显然这三个理念的有机结合在制定自然资源管理政策，设计、实施和评估相关项目中能更有效地发挥作用。国内外自然资源管理项目的经验表明，在实践中贯彻这三个理念，既能保证资源和环境保护的公共目标的实现，又能通过GPS保证资源使用者和公众的参与，有效地避免公共资源管理项目和一般投资项目带来的可能社会冲突，从而保证项目的有效实施，实现项目的社

会、经济和生态三大目标的有机结合和多利益主体的共赢。

培训采用了三种方式，即基于案例分析的讲解、小组讨论和反馈、小组方法训练和实习。当然，GPS操作程序和相关方法、工具在不同的项目中、不同的工作环境中的应用是有差别的，因此，需要针对不同的ACEDP项目的内容和环境自然资源管理项目的具体特点不断的补充和完善。

图1-3　ACEDP性别平等、公众参与和社会影响管理(GPS）项目总结研讨会，北京，2010年11月

1.3　ACEDP项目中推广GPS的培训

GPS培训是在ACEDP的其他项目中推广GPS理念和GPS方法的重要机制，也是保证GPS项目产生政策影响和能力建设影响目标的根本途径。实际推广中将采用培训培训者（Training of Trainers）的模式,为ACEDP的其他核心子项目培训核心培训员，核心培训员将在接受培训后，再培训其他的项目工作人员。GPS项目也希望四个合作部委能够将GPS的理念和方法框架通过现有的部委培训体系加以推广。GPS项目咨询专家组将在今后可能的GPS推广培训中提供必要的方法指导。

GPS培训的一般目标包括以下几项：

（1）提高对GPS重要性的认识，增强对于在环境保护和自然资源管理相关政策和项目管理周期中运用GPS的意识；

（2）掌握在项目设计、实施、监测和评估等各个环节中使用GPS框架的方法，提高在具体工作环境中运用GPS的能力。尤其是ACEDP项目及类似项目中实现性别平等和管理社会影响的效果；

（3）在培训中共同讨论ACEDP项目中存在的性别平等、公众参与和社会影响等共性问题，寻找运用GPS框架和方法解决这些问题的途径，增强项目的社会效果；

（4）通过总结ACEDP各个项目的GPS相关经验和情况，形成一套GPS完全运用于中国环境保护和自然资源管理项目的较完善方法。

GPS培训的对象主要包括以下几个方面的人员：

（1）来自环境保护和自然资源管理相关政府部门的官员，这些部门主要包括：国家发展与改革委员会、环保、水利、林业、农业、畜牧等行业的各级部门；

（2）妇联和妇联在基层的组织；

（3）与女性发展、环境保护和自然资源管理相关的非政府组织（NGO）；

（4）参与环境和自然资源管理项目环境影响评估和社会影响评估的咨询机构及专业人员。

2 自然资源管理中公众参与和性别主流化的必要性及相关概念

资源管理、环境保护和大型公共建设项目，直接涉及土地资源、林地资源、水资源使用方式和使用强度的限制和变更，如果需要征用耕地，甚至会涉及使用权的转移和让渡，直接影响农村社区、农户和特定的资源使用权承包者的生计。如果处理不当，会引起项目与社区、农户的矛盾冲突。公众参与、社区参与、性别平等的参与式磋商是减少或消除矛盾冲突的重要途径。本章主要介绍公众参与、性别主流化、社会影响评估的概念和必要性。

2.1 GPS在自然资源管理、环境保护及公共投资项目中的必要性

自然资源管理不单是政府的事，还涉及众多的利益相关者，如社区内的资源使用者，受到资源使用限制的农产、土地的承包者，水资源的使用者，受到环境污染影响的一般民众。参与磋商是众多利益相关者就资源管理目标和行动达成共识的重要途径。

在环境保护和自然资源管理过程中，人们的参与程度和影响取决于对情况的了解和理解。公众的参与和干预首先要有一个对于所寻求结果的清楚设想，继以政策的跟进，并且成功的政策跟进又要依靠所获信息的质量。关于信息的一个公理是“投入的是垃圾，产出的也必然是垃圾”，公共政策也服从于类似的法则。通过GPS运用，公共决策部门的政府官员可以得到有效的信息，这些信息正是决策所需要的最可靠的信息。

传统情况下，公共环境保护和自然资源管理方面的政策和项目都是自上而下的。这种管理模式的特点是官员们都认为他们知道民众需要什么，他们知道怎样做是对社区最好的结果，并且他们能让所有的事情都和谐地发生，特别是想象着他们所采取的项目活动都能与公共利益和个人意愿完全吻合。中国和世界其他国家的实践证明，官员们实际上所知道的比为了推动社区尽量好的发展而应该知道的要少得多，他们很难独自推动可持续自然资源管理并取得社会认可的公平结果。

在环境保护和自然资源管理相关政策和项目的设计和实施过程中运用GPS方法可以在社区和社会发展方面产生很多有形或无形成果。特别是能够取得更明确认同的目标、价值和核心产出。干预措施如何展开，过程中哪些人将受益或受损将会更加明晰，这样就提供了一个机会以确保补偿，并且补偿的水平和分配能够很好地瞄准和更有效。同时，明确认同还能够保证相关利益群体对结果达到一致，以及对责任的分工更明确。

面对脆弱群体，环保或自然资源管理政策与项目中的公平问题显得尤为重要，弱势群体在公共项目中的参与和受益已经成为事关和谐发展一个敏感的问题。在政策过程中充分运用GPS可以保证经济发展中隐形的利益相关者（如妇女、儿童、贫困群体等）的需求和优先权不被忽视。如果不下决心将GPS方法运用在发展规划及投资调查中，要取得最好的社会发展效果并伴随政治上的令人满意的公平是不可能的。

GPS所涉及的各个理念在我国发展过程中体现出显著的必要性。

1. 性别主流化的意义

（1）农村妇女已经不是农业生产的“半边天”，她们顶起的是农业的“整个天”。改革开放30年来，随着农村男性劳动力向非农和城市的转移，农业生产出现明显的女性化趋势，女性劳动力已经成为从事农业、畜牧业、水产养殖和其他农

业活动的主要劳动力，也是土地、水、林地等自然资源和生计资料的主要使用者，限制或改变资源的使用模式，将直接影响到农村妇女。图2-1表明，社区内部的留守妇女已经成为资源的主要使用者，同时也是项目活动的主要决策者和参与者。

(2) 传统的社会性别分工和“男主外，女主内”社会观念的影响，导致女性在社会参与、家庭决策中常常被忽视。虽然她们是资源的主要使用者，但是她们在资源管理、使用模式的决策中却不能充分地参与，她们的诉求往往被男性代表。在社区层面，她们往往不能直接参与资源管理项目和环境管理项目。

图2–1　男性劳动力外出打工，留守妇女成为社区自然资源的主要使用者

(3) 由于历史、文化和习惯的影响，女性往往缺少主动参与精神，不愿与男性竞争。

(4) 由于长期缺少处理公共事务的机会，导致女性在公共事务决策方面的经验和能力不足，因而需要更多的赋权。

(5) 在妇女的生计系统中，自然资源占有非常重要的地位，自然资源管理项目会对女性的生计能力造成影响,需要能力建设来提高她们的发展能力。

(6) 对自然资源的依赖性和直接相关性，使女性容易成为各种污染的受害者。

(7) 根据传统性别分工，女性往往负责搜集薪柴、取水等家庭务劳动，所以在全球日益加剧的气候变化和自然灾害面前，女性往往会成为最脆弱和最容易受到伤害的群体。

(8) 男女两性对自然资源的使用和控制的方式不一样，因此促进自然资源可持续发展的战略和措施要考虑男女两性的不同需求和作用，才能加强这些措施的效率和效果。

2. 公众参与的意义

(1) 公众参与的根本意义在于通过相关利益主体的参与、平等磋商、达成共识可以消除资源管理项目实施中的社会冲突，保证实现项目的预期目标。

(2) 我国现行体制下，政府为主导制定相关的资源管理政策，政府相关部门负责规划和实施资源管理、流域治理、环境保护等项目，目标社区，社区内的农户和个体、受到项目影响的个体和社会群体参与不够。

(3) 中国发展过程中的经验表明，更好的公众参与机制和过程能够显著提高公众的资源管理、环境保护的“主人翁”意识，有效地改善公共政策的实施效果。

(4) 在自然资源管理和环保项目实施层面，如果相关利益群体、目标社区和自然资源的使用者不能参与自然资源管理项目或者流域改善项目，他们就不会积极地保护自然资源和环境，项目则很难达到预期的目标。

（5）公众参与过程能够使那些在公共政策中被忽视的群体有机会获得与政策和项目相关的信息，发出他们的声音，表达他们的意愿和诉求。

（6）公众参与、知情是项目实施中公众监督的前提。因此，公众参与也是监督和防止那些特殊的利益相关者利用项目追求个人利益的“寻租”行为的有效机制。

（7）参与是公民的基本权利，公众参与是利益相关人保护和实现自身权利（健康权、资源使用权、发展权）的途径。

3. 社会影响评估与社会风险管理的必要性

（1）社会影响评估的目的是保证政策所引起的变化与其目标保持一致，最终取得最好的社会福利效果。实际上，任何公共政策和公共项目都是以大多数人的公共福利和福祉的最大化为目标，但为实现这个公共目标，有可能暂时牺牲少数人（社区）的利益。实际操作中，很难做到绝对的公平，某些群体会获益而某些群体会受到损害，政策的制定者和项目的设计者，必须把握正确的平衡，而只有更准确的信息才能帮助他们做到这一点。

（2）干预项目和保护政策的实施，会限制特定人群对资源的使用、使用方式，也会对生计产生负面影响。没有社会影响评估和社会影响管理，将会给项目实施带来社会风险，会让群众产生“别人动了我的奶酪”的感觉，从而抵触项目的实施。

（3）可以避免特定人群、女性、少数民族、贫困人口、儿童和老人等群体在项目内容选择中被边缘化。

（4）社会影响评估是减少或避免对社区和农户的生计打击，实现生计补偿、生计转换的重要前提。

参考106页案例7.1.1和108页案例7.1.2。

在基层调查和实际项目设计工作中，我们经常听到来自相关政府部门的干部或技术人员抱怨：基层干部和农民群众思想保守、观念陈旧、素质低、缺乏技术、缺乏参与能力等。这种“居高临下”忽视农民群体，特别是对于贫困农民的态度，是导致他们在平时工作中清高、武断地对待农民和农民诉求的根本原因。在他们看来，官员们有理由代表政府代替农民作出决策，去询问贫困农民和贫困村民对发展挑战的想法是没有多少价值的。

近年来，我国的扶贫和贫困地区发展取得了举世瞩目的成就，这种成就与政府扶贫规划和项目中的社区承诺（community engagement）以及村民普遍的参与密不可分。与贫困农户以及贫困村民磋商可以找到农业资源分配的更有效方案，尤其是在土地利用中。在交通、通信、教育、健康和使用公共设施方面，民众参与促进公共投资方向更合理。政府正在顺应民意通过制度创新，推动出口产品企业发展、促进农村剩余劳动力转移和贫困社区的搬迁等措施来消除贫困。但是在20世纪80年代之前，这种发展方式很少见到，那时，社区承诺的准确性和重要性遗憾地没受到重视或被政府认同为发展过程中的一部分。

GPS理念和方法在政府部门和项目中的主流化将把中国扶贫项目和中澳环境发展伙伴项目探索的公众参与和性别主流化的成功模式传播到其他部门的公共发展项目和社会的其他领域，特别在环保和自然资源管理中的系统化推广。这也是编写本书的宗旨所在。

2.2 GPS的概念

2.2.1 性别主流化

简单地讲，“性别主流化”（gender mainstreaming）就是将两性平等的理念，包括机会平等和平等参与贯彻到家庭、社会、政策、资源分配、项目等各个领域和环节中。

“性别平等”（gender equality）和“性别主流化”理念的形成，已有很长的历史。1985年，内罗毕第三届世界妇女大会首次提出了性别主流化的概念，1995年在北京召开的第四次世界妇女大会进一步强调了“性别主流化”的政策含义，并将之提到了社会发展的战略高度。它强调，社会性别并不是只关注女性的地位，更要关注劳动分工的方式，社会现实是不同性别共同作用的结果。世界上大多数国家政府包括中国承诺实施性别主流化战略，1995年通过的《行动纲领》中指出，在处理提高女性地位机制问题时，各国政府和其他行动者应提供一项积极鲜明的政策，将性别观点纳入所有政策和方案的主流，以便在作出决定以前分析对女性和男性各有什么影响[1]。

几乎所有的国际项目都要对女性的需求、项目对女性的影响以及实施过程中女性的贡献进行考虑和评估（社会影响评估的组成部分）。因此，性别平等和性别主流化也是公共项目周期管理（包括项目的设计、实施和监测等）以及实现男性和女性共同和平等发展的重要理念。

1. 生理性别与社会性别

生理性别（sex）指的是男人和女人，男孩和女孩之间的生理差异。生理性别一般情况下是终生不变的。

1955年美籍新西兰心理学和性学家John W. Money首先提出了有别于生理性别的“社会性别（gender）”概念。建立了“社会性别特征”（gender identity）、“社会性别角色”（gender role）的概念，提出了“社会性别特征”与“社会性别角色”的关系。社会性别（gender）是由社会化过程所构建的女性和男性特有的作用和责任，也包括对女性和男性的特点、态度和行为的一种期望。这些不同性别个体的社会角色和劳动角色是后天学习得到的，社会性别是家庭和社会按照特定的文化和伦理准则赋予男性和女性的，是社会构建的。因此，社

1 第四次世界妇女大会’95北京非政府组织妇女论坛丛书编委会.第四次世界妇女大会重要文献汇编.北京：中国妇女出版社，1998:267。

会性别的预期在不同文化之内和之间区别很大，能随着时间改变而变化。

先天的生理性别差异 ⟶ 社会角色的建构 ⟶ 社会性别的形成

“社会性别”所提到的这些后天的成分，使旨在控制性别不公平的“性别主流化”成为可能和必要。社会因素使所有的男的都被“社会化”为男性，同时所有的女的都“社会化”为女性。正是由于社会造成的性别差异甚至会大于先天的，因此改善这种不公平现象必须通过一种社会行动，即“性别平等”和“性别主流化”。

社会性别的意义在于使人们认识到社会性别对个人及社会发展的影响，让人们注意到：在对有关男性、女性的期待中，在两性角色及其相互关系中，以及在社会观念、资源分配和社会结构中，一直存在着基于性别的歧视和不平等。

社会性别意识的积极意义在于从社会性别的角度，去观察和分析社会、政治、经济和文化等社会现象，重新审视两性关系，消除两性成长中的文化壁垒和障碍，从而避免两性之间机会和权利上的差距产生和进一步扩大。

109页案例7.1.4中列举了一些人们日常生活中的例子，说明社会性别意识是人人具有的，是我们文化的一部分，它具有塑造人们思想观念从而影响行为的巨大能力。自觉地认识这些影响我们观念的因素，可以扩展我们的视野，提高我们决策的科学性，改善公共决策对两性公平的效果。

社会性别概念承认女性与男性的生物学差异是客观存在的（这与中国在大跃进时期所提倡的“铁姑娘”口号是不同的），但同时认为女性在家庭和社会中对男性的从属地位是后天的社会环境构建的，不是男女生物学意义上的差异决定的。

2. 社会性别差距

社会性别差距（gender differences）是指任何领域内，在参与程度、获得资源、机会、权利、能力和影响力以及工资报酬和福利等方面，存在于男性和女性之间的差距。从世界范围看，无论是发达国家还是发展中国家，以上领域的社会性别差异都是非常明显的。新中国成立以来，我国在宪法、社会发展规划和相关政策实施中都一直重视男女平等，男女同工同酬。在特殊行业的劳动保护和女工的权益维护方面制定了一系列的政策法规。但是，我们也应该看到，我国在社会性别平等和消除社会性别差异方面，仍然面临着许多问题。例如，我国儿童出生性别比达到100:120，城市女性收入仅占男性收入的70%。111页案例7.1.6的不同性别参与政策制定和公共事务的途径和参与度调查数据分析结果显示，整体上看，女性均低于男性。调查结果表明，男性和女性在我国社会、经济、政治诸多领域还存在着性别差距。案例7.1.6中表7-3也反映出：即使在我国的大城市里，在退休年龄、退休后的养老金占退休时工资的比重等福利制度上，仍存在着性别歧视。在我国最发达地区以最突出的方式显示出了性别差距和性别歧视，这是制度、政策制定和实施中值得思考的问题。我们看到这种存在长达几十年的法律上的歧视居然没有引起大多数的社会反应。面对社会和制度层面存在性别差距问题，女性个体是无法表达基本诉求的“话语权”的，也是无法抵抗的，但是从社会性别的角度来看，这显然是违背“和谐社会”发展理念的，需要从制度和制度安排、政策制定和实施、诉求表达等多个层面进行改革。

3. 社会性别平等和社会性别公正

社会性别平等（gender equality）是指所有人，不论男女，都可以在不受各种成见、严格的社会性别角色分工观念，以及各种歧视的限制下，自由发展个人能力和自由作出选择。社会性别平等意味着男性和女性的不同行为、期望和需求均能得到平等、公平、同等的回应、考虑、评价和关注。

社会性别平等并不意味着机械地、极端地追求女性和男性的绝对平等，而是强调男女两性的权利、责任和机遇并不是由生来是男是女来决定。当在社会制度和政策中体现性别平等时，我们所指的是实质性平等，即主要体现在获得性（access）平等、机会(opportunity)平等和结果(result)平等。

社会性别公正（gender equity）指对男性和女性的不同需求给予公平待遇，包括同等待遇或在权利、福利、义务和机遇等意义上被视为平等但表面上有所不同的待遇。

性别歧视（gender discrimination）是指在教育、就业、工资及福利待遇方面对不同性别的人，特别是女性采用不公正的待遇。

案例7.1.6中表7-1和表7-2（111~112页）中，我们看到，从参政途径上来讲，采用规范的社会化途径的女性少于男性，她们更倾向于向熟人倾诉，出席听证会的比例更少，参加各种会议的机会显著少于男性；从政策偏好上看，表面上看来女性的精力主要在于与家庭成员直接相关的文教卫生、社会保障政策，而男性的兴趣更广泛，这可以说明，社会性别明显地束缚了女性的思维，这必然会阻碍她们能力的发展，以及机会和权力方面的竞争力。如图2-2所示，培训中女性参与是她们表达需求、构建能力、实现平等参与和赋权的重要途径。

图2−2　女性在灌溉管理项目“水资源管理培训”中的平等参与

当今世界，对女性的性别歧视仍然普遍存在。虽然从制度和政策层面已经消除了对女性的歧视，显示社会生活、就业及教育机会的获得上，男女之间仍然存在明显的差异，正因如此社会性别平等和性别主流化将依然是相当长的时期内社会发展和社会管理的重要议题。

4. 社会性别主流化的概念

性别主流化是一个公共政策范畴内的概念，是指：

在所有的立法、政策拟定、计划规划、方案设计、资源分配、人才培育等以及组织的建构过程中，把女性和男性的观点、经验完整地反映在政策与方案的设计、执行、监督与评估中，让两性可以均等受惠，并由此带动深层的组织变革，促成并构建一个符合性别公平的社会。

性别主流化，主要应贯穿在公共政策决策和政策实施两个层面。而公共政策实施和发展行动中的性别主流化，保证女性和男性在获得社会福利、教育、就业等方面的公平和平等是更加重要的。

社会性别主流化是实现性别平等和性别公平的有效途径，在国家政策层面，包括将性别视角纳入所有政策，发展计划和发展项目，保证对男性和女性产生公平的影响。

（英联邦秘书处《Gender Mainstreaming in Agriculture and Rural Development-2001》）

社会性别主流化的目的是防止性别盲视、性别歧视和性别不平等，但不是提倡性别对抗。社会性别主流化是实现性别平等的一个策略。这里讲的“主流化”不是“主体化”，也不是“最高化”或“极端化”，这个概念里并没有让男性或女性“独占优先权”的意思，更没有“性别视角凌驾于一切之上”的意思。相反，这个概念所表现的是，大多数地方和大多数情况下，在社会化的范围内，女性实在处于弱势的地位，至少她们在社会上的权力和机会面前是弱势的，从而客观上得不到为社会做出更大贡献的机会，进而导致全社会生活质量的下降。为了防止这种情况被恶化，必须从追求社会性别公平、充分实现女性作为社会个体的权利的角度，在包括政策和制度在内的所有社会活动中，强调女性的平等地位。图2-3展现了少数民族地区妇女参与小流域治理项目规划研讨会场面。

图2–3　宁夏少数民族女性积极参与小流域治理项目（见124页案例7.1.11）

性别主流化不仅是社会公正问题，而且是人类发展的效果甚至效率问题。性别主流化的出发点是对发展情况进行全面分析。经验表明，每个国家和每个区域面临的发展问题中，显著地包含不同的女性问题，这些问题的解决关系到全面的社会进步，而要解决这些问题仅依靠女性是不可能的，仅仅依靠短期项目也是不可能的，因而产生性别意识主流化的战略。

联合国经济和社会理事会于1997年就社会性别主流化的定义达成共识，即社会性别主流化是评估任何领域、各个层面的包括立法、政策或项目计划在内的任何一项行动对女性和男性的影响。社会性别主流化将女性和男性的关注和经验，作为政治、经济和社会各领域中设计、执行、监测、评估政策和项目计划不可或缺的重要部分加以考虑，以使女性和男性能平等受益，社会性别不平等不再延续，其最终目的是达到社会性别平等[1]。

2005年，我国重新修订《妇女权益保障法》，首次将男女平等作为基本国策写入法律，明确规定，实行男女平等是国家的基本国策，国家采取必要的措施，逐步完善保障妇女权益的各项制度，消除对妇女一切形式的歧视[2]。

无论是在社会性别平等还是在社会性别公正中，都要防止性别误导。例如，女性要有职业、有工作这是符合性别需求的。然而，一些人这样做却是以男性为标准的，比如说，因为男的在外边有工作、有职业，可以养家，所以女的也要做同样的事，才能在家庭中争得一席地位。其实，这种看法是违背社会性别公正理念的，平等要以公平为基础。

116页案例7.1.8描述了我国台湾省进行性别意识主流化所取得的成就。对于我们的学员来说，至少能学到两点：①台湾省从法律制定、执行、社会氛围等方面都突出了性别意识主流化；②台湾省性别意识主流化的成就推动了全社会的发展和进步。特别需要指出的是，台湾与我们大陆在文化和传统方面是完全相同的，这更说明，性别意识主流化是可行的、有效的公共管理框架。

5. 环境保护和自然资源管理中的性别主流化和实现的基本途径

“性别主流化”在自然资源管理和实际实施的项目管理中应当具体化到政策制定、项目选定、决策、规划、实施、效果评估和后续管理的每一个环节。作为项目的管理者，要通过考虑女性的潜力来打破传统的权力和机会分配方法，重视女性的看法和需求，并发挥她们的能力，从而保证实现项目的社会效果。

性别盲视会影响项目的产出和效果。例如，世界银行在中国建设一条高速公路，要穿过一个村子。在资金拨付之前，对这个建设方案进行了社会影响评估，发现大多数的男性

1 Bureau for Gender Equality，ILO，Gender：A Partnership of Equal，Geneva，2000，pp.5。
2 陈至立，男女平等基本国策讲话稿。

都对项目方案表示满意，但是大多数女性对方案却不满意。原来，高速路是封闭的，把许多农户和市场、学校隔离开了，结果是人们到市场和学校要绕一个6千米的大圈。这种情况在项目早期进行的参与式活动中并没有体现出来，因为当时参与的主要是村委会的人，女性并没有参加。这种性别偏好差异的主要原因是，女性要送孩子上学并到市场上去；男性们习惯骑摩托车，而女性除了特殊紧急的情况不用摩托车。为了应对这个问题，世行扣下了20%的款项来寻求解决问题的办法，最后在这个村子建了一个横跨高速公路的天桥。显然，这个项目如果在认定阶段贯彻了性别意识，就会想到更好、更持续甚至更节省成本的办法来解决这个问题，如建一个成本更低更方便村民的地下通道而不是天桥。这个例子充分说明了，性别意识在项目管理中的运用不仅体现社会公正而且也能提高项目的成本-效益情况[1]。

环境保护和自然资源管理的项目和政策不仅要更有效地利用和保护自然资源，而且要平衡不同利益相关者的利益，才能保证实现项目的社会效益。这类项目的特点是利益相关群体复杂，项目相关影响链条长，影响易扩散，提高相关规划及项目执行效果的有效方式包括性别主流化。就是通过增强各个环节的性别敏感性，促进更多的女性更好地参与项目来达到解决女性人群所面临的问题，同时提高项目的效果。

性别主流化是国际双边和多边发展合作组织在华项目的一项基本要求。过去20多年中，在我国实施的国际和外资合作的项目中，如电力开发、高速公路建设、扶贫发展、生态造林、能力建设等项目，社会性别工具已经普遍运用。

做到性别主流化的第一步是社会性别敏感性的提高，也就是认识到不同性别人群哪些方面相同和不同。在发展项目识别和规划中，项目设计和规划者应该敏感地认识到女性和男性在以下方面可能的不同：

（1）所掌握的信息、获取信息的渠道不同；
（2）所面临的问题和对所面临问题的看法不同；
（3）发展的意愿和对项目的需求不同；
（4）能力和可能对项目的贡献（包括参与的程度）不同。

要做到性别敏感的项目识别和项目规划，可以尝试以下六个步骤：

（1）收集背景信息与资料，包括宏观社会背景分析，包括宗教、社会文化、民族和阶级的，看看这些影响因素与社会性别的关系；
（2）向女性和男性平等的传递项目的信息，保证不同性别的项目对象获取足够让他(她)们做出判断和选择的信息；

1 引自联合国妇女发展基金会，朱丽娅（Julia Broussard）女士，在GPS项目总结会上的讲话。

(3) 性别角色活动分析，看农村所有男性和女性的角色活动，这些活动与项目有什么相关性；在下面的参与式方法中将讲解怎么去收集信息和分析信息；

(4) 资源使用的性别敏感分析，通过与女性和男性的共同和分别座谈、实地考察，了解谁是资源的主要使用者，因资源保护和环境保护而改变资源的使用模式，对谁产生直接的影响等；

(5) 了解不同性别对资源管理的项目需求和参与意愿，受到资源保护措施（如封山育林、水源地保护、自然保护区核心区禁牧、禁渔等）影响时，不同性别的农民对项目支持替代生计的选择等；

(6) 根据项目和政策的情况制定一个切实的有针对性和社会性别敏感的项目规划。

这些步骤的运用需要一套鼓励女性参与表达需求的工具和方法的气氛，项目规划实践中常用的参与式工具，包括女性小组访谈、女性个体访谈、性别分工季节历、性别分工日记等来收集和分析资料，这些工具将在后面的方法和工具部分讲到。

案例7.1.7表7−4至表7−8（113～115页）分别展示了在农业科技传播和扶贫项目规划中性别分析工具的运用。分析的结果表明，农村社区男女的劳动分工有明显区别，男女对社区发展问题的识别和解决问题对策的看法上也有显著差异，这对项目决策有重要帮助，也是进一步调查和分析的依据，显著提高了项目决策的科学性。图2−4展示了妇女当选某灌区用水户协会主席的场景。

图2−4　女性当选为用水户协会的主席

需要说明的是在上面的六个步骤中，最困难的是第五步和第六步。因为前四个步骤都只是发现问题，到了第五、第六步进入了决策步骤，需要解决不同性别发展需求的实际问题了。以往的培训中，也经常见到很多人已经有了社会性别意识，但是在实际工作中处理问题时，特别是设计项目或执行有关政策时就又觉得无从下手，不知如何贯彻社会性别意识。这说明，要让性别意识主流化必须采取机制化、制度化的措施。当性别主流化放入GPS框架以后，它就找到了结合点，无论是参与式方法还是社会影响管理的理念都要把性别意识主流化体现出来，女性群体既是弱势群体、又是目标群体，也是关键的利益相关者，是社区承诺、社区参与的主体，尤其在中国目前的农村社会当中。

在性别意识主流化当中，最重要的是社会、政府和承担项目规划和实施的机构为女性创造参与的条件和环境。所附案例7.1.9显示了制度安排的重要性，同时也表现了这些安排所取得的项目效果是其他项目活动无法替代的，说明性别主流化可以作为项目运作的方法。

在性别意识主流化过程中要特别注意鼓励女性的参与，一个重要的方法是让她们有“主人翁”意识和“成就感”。促进产生“成就感”可以有两种途径，一种是目标达成的成就感；另一种就是参与过程的成就感。在性别主流化过程中，许多时候女性参与项目决策时会表现出她们的特点，就是极其认真又容易失去自信。在这种情况下，应该让她们更多地参与，更多地决策，有时因为太认真会出问题，有冲突，这些都是学习的过程。实施性别意识主流化的前提是真正相信女性的能力，不断给她们创造条件，通过提供更多的机会和权力来增加她们的经验、提高她们的素质。这里让她们感受到的就是过程目标，做的过程就是强调自信心的增强，解决问题的能力和技巧的提高，建立自己的组织，产生自己的领袖。图2–5和图2–6展现了中澳环境管理伙伴项目中妇女参与社区项目和培训活动的场景。

自然资源管理中的性别主流化关键内容
- 政策设计
- 管理模式的选择和决策
- 资源的分配和配置
- 项目规划实施
- 监测评价

图2–5 ACEDP项目下，由联合国妇女署参与的“妇女参与灌溉管理”项目中，女性成为灌溉管理的主体

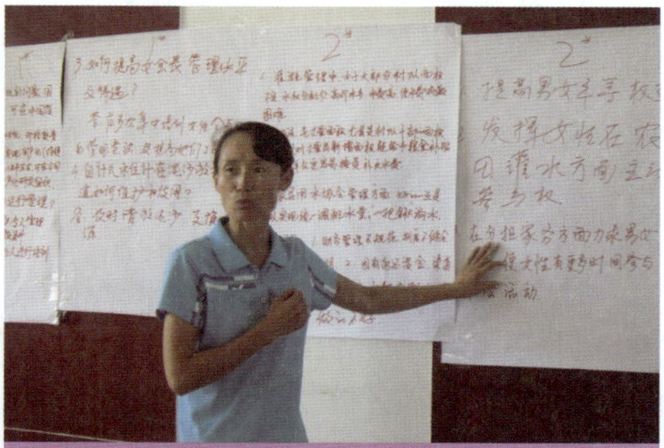
图2–6 女性在灌溉管理培训中发挥重要的角色

思考题

（1）在你看来，性别主流化能否提高项目实施效果？会有什么样的问题？
（2）举例说明，如何使用性别分析方法来具体处理流域治理项目？

2.2.2 公众参与

本节的主要内容是介绍参与式理念的内容。参与式从理念到方法再到工具是一个从观念、认识、态度到行动的转换过程，也是从抽象到具体的过程。对理念和概念的认识、认同及态度，直接影响人的行动，因此，在采用任何具体的方法之前，必须先把概念和道理搞清楚。

1. 公众参与和参与式的概念

“公众参与”（public participation）是一个政治学和社会学概念。首先，公众参与可以理解为一种参与的权利。在实践层面，“公众参与”有时也和“利益相关者参与”（stakeholder engagement）及“大众参与”或“群众参与”(popular participation) 替代使用。

公众参与指不同社会阶层的民众，特定区域内的社区居民，特定的利益群体、权益人参与公共政策制定、公共事务决策、公共投资项目的选择、公共项目的实施及可能产生的影响进行监督的过程。

从我国宏观发展和社会管理和公共治理的战略层面看，“公众参与”是实践“以人为本”的科学发展观，实现包容性发展和构建和谐社会的重要途径之一。在社会管理层面，规范有序地开展“公众参与”，是实践“做到从群众中来，到群众中去”，倾听群众呼声，了解群众疾苦和需求，化解社会矛盾的重要工作方法。

社区参与（community engagement）：在澳大利亚，公众参与特指基层社区在联邦或州政府制定公共环保或资源保护政策和大型资源管理和公共设施建设项目立项和设计阶段邀请社区代表和利益相关人参与磋商谈判的过程。

为了保证社区的参与，澳大利亚政府拟定了公众参与的系统程序（continum of public participation），公众参与包括如下环节：

（1）利益相关人的知情（informing the stakeholders）；
（2）利益相关人的磋商、谈判(consultation and negotiation);
（3）公众的意见反馈(feedback of public opinion);
（4）冲突个案投诉(public compliance to the conflict cases);
（5）公众质询和听证（public inquire and public hearing);
（6）实施中的行动参与(involvement and actions in implementation)；
（7）实施过程的监督(public supervision and monitoring)；
（8）结果和效果的评估和评价(evaluation of the effects and impacts)。

这些步骤可以结合我国的国情加以借鉴。公众参与首先体现的是一种权利，具体表现是为实现公共福利目标或避免可能的负面影响而采取的一系列行动。在一个成熟的民主社会中，公众参与几乎涉及所有与公共利益相关的公共领域。公众参与是表达公众诉求，监督政府和公共服务机构，防止公共投资中的寻租和腐败的有效制度安排。公众参与程度的高低，反映一个国家的政治民主程度和治理的有效程度。公众参与是国家和政府作出公共政策决策的重要机制之一。

如前所述，公众参与首先是一个政治学范畴，公众在公共事务中的参与必须有法律的授权。公众参与是保证公民知情权的重要途径，也是公众在社会和经济发展中平等分享发展成果和保证福利的制度保障。具体到流域和社区层面，公众参与是保证资源公平分配、获得公共产品和公共服务、维护自身法定权益的途径和手段。也是受到工业污染和水资源污染负面影响人群维护自身利益，获得健康环境的重要机制。

汉语中“参与”的字面含义是介入或参加到某一事物的过程（规划、行动、管理）中。英文中“参与”的动词形式 participate 译为“分享”，占有“一席之地”。“参与”的反义词是“排斥”或“排除在外”。因此，“参与”一词的核心内涵是“分享”和“占有”。可见，“参与”本身就是一个具有政治含义的概念，当然也会引起社会和经济的影响，这种综合效果的表述，引出一个新的概念，即“参与式”的概念。虽然在英文里“参与式”只是“参与”一词的形容词形式，但当我们提到参与式方法、参与式理论或其他参与式相关概念的时候，所指不仅仅 是目标群体要参与即“分享”和“占有”，同时还指出了对经济、社会和政治各方面目标的期望。作为公众参与的促进者，必须清楚地理解参与和公众参与的基本含义（图2–7）。

图2–7　公众参与方法培训中学员在讨论参与和公众参与的基本概念

专栏2–1：自然资源管理中“参与”的基本含义

自然资源管理范畴内的“参与”（participation）指的是资源的使用者，资源的管理者和受到资源管理措施影响的利益相关人主动或应邀加入资源管理规划、决策、管理行动和效果评价等的系统过程。

资源使用者和受到资源管理措施影响的农户、妇女、少数民族人口在资源管理中一般缺乏主动参与的能力，因此，需要采取必要的参与方法和决策，引导和激励他们的参与。

通常人们提到参与就会提到PRA（participatory rural appraisal），它是1995年世界银行对参与式农村评估的定义，称它是“一套综合的参与式态度和方法，强调乡土知识，能够使当地人自己来评估、分析、规划，PRA运用小组讨论和练习，方便于信息共享，进行利益群体分析和行动。”显然，作为一套项目执行工具也很有特色。

参与式工作方法与常规的行政工作方法有所不同。两种方法在主体、操作程序和途径、工作方法、共同模式、对群众的态度及基本目标方面，具有明显的不同(表2–1)。

表2–1　常规工作方法与参与式工作方法的比较[1]

比较内容	常规方法	参与式方法
参与主体	– 政府官员和相关的专家为主体 – 一般群众、农民起辅助角色，一般是被动参与的 – 政府官员为主，群众为辅	– 资源使用者是资源管理和环境保护的主要利益相关者，是主要的参与者 – 资源使用者和政府部门是地位平等的伙伴、是平等的利益相关者
操作途径	– 自上而下的操作途径：按照政府的目标和意图，通过行政手段，“自上而下”地传达任务，基层一般只是贯彻执行 – 结果：不能充分了解群众的需求、听取农民的呼声，导致政策实施中的扭曲和阻力，群众没有“主人翁”意识	– “自上而下”与“自下而上”的有机结合：既贯彻政府资源保护的意图，又充分考虑与项目有关的利益相关者的生计影响和发展需求 – 结果：征询意见、谈判、磋商达成共识，实现保护和社区发展目标的“共赢”
方法	– 简单，行政命令方式，很少平等磋商和谈判 – 官员专家单向传达保护意图和措施 – 资源和环保的技术方法为主 – 决策过程的不透明	– 双向、平等沟通 – 直观、可视、透明 – 磋商、协商、谈判、达成共识 – 倾听利益相关者的诉求和声音
态度	– 认为农民素质低、保守 – “居高临下”，不能把农户作为平等的伙伴 – 态度上对农户不够尊重	– 认为农户是理性的，具备理性选择和决策的能力 – 尊重农户，尊重农户的权利 – 把他们当成平等的对话伙伴
结果	– 政府、国家政策导向，完全体现了政府和部门的意愿 – 往往忽视了农民的需求 – 后续实施中产生矛盾冲突	– 既体现了政府的政策目标，又体现了农民和社区的需求 – “双赢”，实施中，社区和农户有主人翁意识，有承诺 – 减少或避免了资源管理项目限制农户资源使用权带来的社会冲突

1 刘永功，刘燕丽，等．参与式扶贫规划与项目管理．北京：中国农业大学出版社，2007．

从理论上来讲，参与式理念的哲学和科学依据表现在以下两点：

（1）认识到发展是一个多方位的、连续的、渐进的过程，发展并不是通向一个确定目标的有序过程，发展不可能完全依据干预者所设计的轨道运行。

（2）强调直接的实证依据。参与式发展基于研究对象自身的直接体验、需求及机会，而不是基于取样性数据以及对数据的分析，避免了数据本身与研究对象的事件、行动之间存在差异，以及最终差异的放大作用所带来的结果完全扭曲。

专栏2–2：参与式农村评估

参与式农村评估是一套系统综合的项目设计、磋商、决策工作方法，应用中强调乡土知识，能够使当地人自己来评估、分析、规划，PRA运用小组讨论和练习，便于项目的相关主体分享信息，达成共识，就项目目标和发展行动作出决策。

PRA也是资源管理中公众参与、性别主流化和社会影响评估、社会冲突管理的有效工具。

“参与式”理念对中国人特别是领导干部并不陌生，它和中国共产党“从群众中来，到群众中去”的群众路线和工作方法是完全一致的。这种“群众路线”的思想理念运用于日常的群众工作、政策决策和问题研究就是参与式方法，运用于公共管理领域就是参与式理念。在公共政策领域使用参与式理念，在环境保护和自然资源管理项目中提倡使用参与式理念，是为了在快速发展的经济形势下更有效地管理公共资源，实现资源保护与群众发展需求的有机统一。

2. 公众参与与“赋权”

“赋权”(empowerment)是一个常用于政治学和发展干预领域的概念。在自然资源管理、环境保护和公共设施建设和投资项目中，赋权有两个最基本的含义：

（1）一般农户和群众的赋权。“赋权”可直接理解为“使失去权利的重新得到权利（力）”和“使没有权利的能够拥有权利（力）”。

图2–8　基层干部参与培训中讨论“赋权”的意义

第一种情况指的是，在许多的政府项目中，项目区内存在众多人群和利益相关者，由于项目的实施，一些群体的利益就不得不失去，关键是在失去利益的过程中，他们并没有行使权利捍卫自身利益或提出让渡权利时的补偿。“权利”意味着“主动性”和作出选择的空间，例如，在禁止围湖养殖的过程中，很多渔业养殖户的资源使用权受到限制，基本生计会受到禁止养殖的影响，造成收入的损失，他们有权利提出生计的补偿诉求。作为社区公众参与的推动者，基层干部必须通过培训理解“赋权”的基本含义、必要性和赋权的途径（图2–8）。

第二种情况是指，一些项目的目标对象，不能组织起来，也就没有权力，就不能很好地保障自身的权利。例如，一些社区的环境污染问题，政府建设了垃圾箱，但就是用不好，没有人来管理和维护，这个过程中社区居民所失去的是有可能免除环境受害的权利。

（2）弱势群体的赋权。此处“赋权”的含义是使弱势人群、受到资源管理和环保项目影响的一般人群具备参与决策、表达诉求和作出替代生计选择的“能力构建过程”（capacity development process）。因此，利益相关人参与资源管理、环境保护项目的整个过程，事实上是对他们的赋权过程。

在环境保护和自然资源管理政策与项目中，赋权的含义是指使项目的所有利益相关者平等享有以下六项权利。

（1）参与权：参与资源管理和环保项目全过程的权利，参与权是以下权利保障的前提；
（2）资源使用权：对自然资源，包括土地、水面、林地、草地的法定使用权；
（3）健康权：健康生活的权利，生活和居住在卫生安全的环境中的权利，免受环境污染的权利；
（4）知情权：有被告知，获取相关信息的权利；
（5）质询权：对资源管理和环境保护措施的细节及对农户可能带来的影响及后果的质询、投诉、反映诉求的权利；
（6）决策权：参与环境治理、资源管理模式选择和决策的权利。

3. 关注弱势（脆弱）群体

自然资源管理和环境保护项目中的“弱势群体”（volnerable social group）是指那些在资源使用权的变更、资源使用方式和使用范围发生变更时与社区内、小流域内的一般的个体相比，更容易受到负面影响的一类人群或个体。通常，弱势群体也称为“边缘群体”（marginalized group）。一般情况下，弱势群体比一般农户或个体的参与能力低，在同样的生计重建措施的参与中，面临更多的困难和制约因素，如果不给予特别的关注，将会在自然资源管理和使用方式的变更中被边缘化，使其原有比较脆弱的生计进一步恶化。对“脆弱群体的特别关注”是保证社会公平的重要理念，也是公共参与重要原则之一。

社区资源管理、环境污染治理和小流域治理项目中，弱势群体主要包括以下几类人群：

（1）贫困人口，贫困户，小流域范畴内的贫困村，村内的边远自然村；
（2）女性人口，参与能力低，易受水污染和环境污染的影响；
（3）老人和儿童；
（4）少数民族社区和人口。

但是需要注意：弱势群体是一个相对的概念，也就是只要有两个以上对象存在时，就会有相对强势/弱势存在。具体到项目中时，要看项目的背景和内容，在更大范围的自然资源管理项目或公共设施投资项目中。城市里的下岗工人、外来打工者，在食品风险中的儿童，在市场当中的老年人群体等都可以被界定为脆弱群体。污染治理项目中，直接受到工业矿渣污染、工业污水排放、工业废气排放影响的周边社区中的特殊人口，如孕妇、婴儿、儿童、老人和对特定污染比较敏感的病人（如有肺部疾病的人易受空气污染的影响）可以被界定为脆弱人群。

弱势群体形成的主要原因不仅是能力或历史的原因，如没读过书或有残疾，还包括习惯和制度性原因，如没有发言权而被人忽视。

参与式理念下，要求环境保护和自然资源管理主管部门或项目执行机构能够特别关注脆弱人群，并采用以下步骤实现脆弱群体的参与和主流化：

（1）采用参与式方法识别谁是脆弱群体；
（2）脆弱群体的知情：让脆弱群体了解项目或污染的治理、补偿措施等信息；
（3）通过参与式调查得到，确定项目措施或污染对他们造成的影响；
（4）通过参与式磋商，听取他们对项目和污染补偿措施的诉求和意见，据此形成项目的干预措施。

4. 参与程度和参与质量的衡量标准

在项目实践中，参与的程度很不相同，并不能说凡是出席了一次会议或接受了一次宣传的居民就算是参与了(参考124页案例7.1.11）。决策参与是最高层次的参与，是体现最高权利（力）的参与，监测和评估的参与是确保项目可持续的参与，管护方面的参与是需要持久性的参与。因此，在环境保护、污染治理和自然资源管理项目中，目标人群的参与程度和参与效果的衡量标准应该包括：

- 利益相关者的参与范围：受到项目措施（或污染影响）的所有人群和利益相关者包括弱势群体是否参加了整个项目规划和治理措施的制定过程？
- 参与环节和参与程度：上述利益相关者是否参与了项目的规划、实施、监测评价、后续维护和管护等环节？在项目实践中，强调利益相关者参与整个项目生命周期。具体包括污染源的识别，资源退化原因的诊断，治理措施的选择，补偿措施的确定，项目的实施动员，治理措施和环保污染的听证会，治理效果的监测评价等所有环节（详细环节参见第3章）。
- 透明、公开、知情：过程是否透明？参与者在磋商和谈判前是否充分知情，掌握充分的信息，保证他们做出比较理性的决策？是否充分地表达了意愿和补偿等的诉求？

- 公众的意愿和诉求的回应和采纳：有多少直接纳入了项目的内容？环境污染方面的抱怨和投诉有多少得到了回应和解释？哪些诉求和要求纳入了政府部门的政策制定和实施环节？
- 公众参与结果和效果的满意程度：项目或治理措施实施后，公众对项目实施效果是否满意？对自身的参与过程和效果是否满意？是否愿意参与项目的后续活动？

5. 非政府组织在参与中的作用

非政府组织（non-governmental organization，NGO）是在政府和企业以外，由公民自发组织并在政府注册备案，以提供社会公益服务，承担特定社会管理功能，推动社会体制有效运行的社会组织，也是维护社会运行的第三个力量（或称为第三部门）。其发起过程是，部分个人或人群认识到社会的某个特定管理或服务领域，如保护环境、慈善救助、减少抗生素的使用等，被现行的社会主流模式所忽略，他们就组织起来宣传和动员社会参与和提高社会意识，最后发展形成了有一定结构和功能的团体或组织。非政府组织发挥公民精神，对政府的公共服务、社会管理和企业的商业性服务缺陷是一种有效的补充。非政府组织的根本宗旨是社会服务，所以机构一定是非营利的，它们在国家的政策框架内运行，不会挑战政府和企业既有的服务范围。

与政府机构及一般商业企业等组织比较，民间组织有以下特点：

- 公益性，不以营利为目的。NGO以人道主义援助、慈善救助、环保和社会服务为主要使命，不营利、不追求回报，向服务对象提供的服务是无偿的。
- 民办性，一般由一批兴趣爱好相同的人或私营组织发起、出资建立，不隶属于政府机构。民办、民管是NGO的重要特点之一，但NGO的法律地位，内外部的运作和社会职能的界定和服务范畴等受政府相关法律的约束，在国家的法律框架内接受政府部门的指导和监督。
- 草根性：扎根基层社区，直接扶持和服务到户、到人是NGO的重要特点。除以城市人口和城市社区为主要服务对象的NGO外，社会公益类NGO的主要服务对象是边远山区和少数民族地区的基层社区。鉴于这个特点，很多学者把民间组织也称作“草根组织”（grassroots organization）。
- 与其他组织功能和目标的吻合性和互补性：NGO在组织属性上不隶属于政府，也不同于企业，但在为特定的服务对象提供社会公益服务的目标下，其目标和政府的公共服务目标是吻合的、一致的、互补的。如环保宣传、社会公益活动的发起和组织、社会倡导等。

国内和国际的民间环保组织、专业协会、社会公益组织在自然资源管理、环境保护、流域水资源管理、污染监督和治理中，可以直接参与，同时也是促进社区和农户参与的重要组织。政府在实施自然资源管理规划和监测过程中，应支持民间组织的参与并与民间组织合作。

从发达国家的经验来看，非政府组织发起人往往是追求理想的中产阶级，他们坚持对权力和市场的纠错职能，保持组织理念、使命和追求的独立性。

在涉及民众普遍利益的大多数时刻，各个非政府组织都不仅会表明它们的态度，而且会付诸行动。其他国家的经验说明，民众在社会公益行动中的主动精神需要非政府组织的倡导和实践行动，对政府的社会动员是一个有效的补充。对于启动社会意识（如环保、垃圾处理等）并提高民众行为标准来说，非政府组织可能比政府起更大的作用。非政府组织是公众参与的一种有效平台，它的理念来自于对公平意识的直觉，它具有独立性和义务性，其社会贡献是通过社会行动来纠正社会政策偏差。

在包括澳大利亚在内的多数发达国家，非政府组织在大型项目的识别、论证、规划、磋商、监测评估、公众参与的社会动员、公众环保意识宣传、行为倡导等方面发挥着非常重要的作用。在政府公共项目目标选择、干预措施的确定环节出现矛盾和冲突时，非政府组织的介入，可以起到协调和缓冲的作用。从附录中可以看到，澳大利亚全国性水资源管理和环境管理项目公益活动，直接由非政府组织牵头实施，政府对此类项目则给予政策和资金方面的扶持。通过政府购买方式委托非政府组织向公民提供社会公益服务，是发达国家公共管理和公共服务的发展趋势。

在我国，在世行、英国海外发展署等国际组织资助的水资源管理项目中，探索了灌区用水户协会（NGO）参与社区和小流域水资源管理的组织模式，在运行实践中不断完善，取得了非常好的效果（专栏2–3）。

专栏2–3：参与式方法对于改善公共项目作用（案例7.1.9分析）

116页案例7.1.9所提供的农民用水户协会的经验是我国正式制度范围内第一次突出农民参与并有明确配套政策的实践。政府之所以在水利工程维护和使用中积极推进农民的参与，是因为只有推动农民的参与才能维护相应公共服务的有效性，也就是到了唯有用农民参与才能解决问题的地步了。

为了达到参与的目标，必须有可持续的制度支持：

（1）国务院2002年45号明确提出农村水利工程管理要以农村用水合作组织为主；

（2）水利、发改、民政联合发文，推动农户用水户协会的成立。

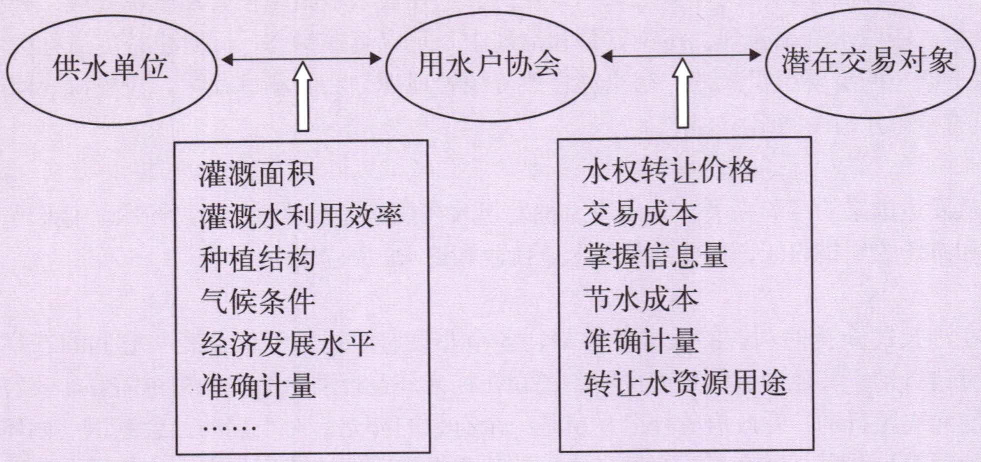

在相应政策的支持下，实施农民用水协会还有两个条件：一是参与制度的建立，包括监测评价；二是能力建设，特别是包括女性在内的弱势群体的能力建设。

通过农民参与用水管理，从社会角度节约了灌溉用水，从农户角度起到增收节支的效果。

农民用水户协会经验的启示是：在涉及自然资源管理的领域，公众的参与是必不可少，否则就会出现瓶颈效应；参与不是简单的事，实现真正参与需要政策支持、资金投入、制度建设等许多条件。

思考题

(1) 在制定资源管理、环保政策和实施相关项目中为什么需要公众的参与？公众参与的具体环节有哪些？

(2) 公众参与中特别强调哪些脆弱群体的参与，为什么？

(3) 制订资源管理，环保项目和一般投资项目的“公众参与的标准”有什么作用？

2.2.3 社会影响评估与管理

1. 社会影响

“社会影响”是指任何公共或私人行为对特定区域内的个体或群体带来的影响。广义地讲，任何一个公共管理政策、公共投资项目都有预期的社会目标，实施项目都会带来正面或负面的社会影响。项目的社会影响会因项目的类型、项目的措施不同，对特定的利益相关人和社区带来不同的影响。公共资源管理和环保项目的社会影响包括很宽的范畴，如对原有资源使用者资源使用权限的限制，对特定人口现有生计的影响，基础设施和工程建设项目需要相关社区或农户搬迁并融入其他的社区，对社区组织结构的影响，甚至会产生文化层面的影响，如规范、价值观、信仰的改变。不同区域的人口，受到的社会影响可能完全不同，如水资源和水土流失治理类项目，限制了上游地区资源使用者的使用权限，对他们产生负面的生计影响，但会使下游地区的人口受益。

专栏2-4：需要做社会影响评估的公共资源管理项目

下列项目，会改变社区和社区内不同的利益相关人的资源使用方式和使用强度，对社区人口的生计产生重要影响，在项目的设计阶段必须进行社会影响评估：

（1）天然林保护项目；

（2）林地自然保护区建设项目（ACEDP P0036 青海碳汇项目）；

（3）湿地保护和湿地保护区项目（如ACEDP P0001 湿地管理项目）；

（4）三江源生态保护工程；

（5）生物多样性保护项目（ACEDP P0018 河流健康项目）；

（6）水源涵养和水源地保护项目（ACEDP P0016 生态补偿项目）；

（7）小流域管理项目/水土流失治理项目（ACEDP P0006 流域管理项目）；

（8）草场管理和草原生态保护项目；

（9）退耕还林/还草项目（ACEDP应对气候变化研究项目及干旱应对项目）；

（10）沿海地区的海水淡化项目。

专栏2-5：需做社会影响评估的工业项目、环境治理和水污染治理项目

下列项目，可能对周边社区和人口的健康、生计产生影响，项目在场地选择、内容设计和可研阶段，必须开展环评和社会影响评估：

（1）工业和服务业项目

① 有废气矿渣、有毒重金属排放、废气排放、污水排放和噪声污染的矿物开采、化工、机械加工、食品加工、造纸等工业建设项目；

② 有生活垃圾、烟尘排放和噪声，可能影响周边居民健康的商业企业建设项目，如新建的宾馆、饭店餐馆、储运和仓储企业（ACEDP P0020 社会、环境影响评估中的公众参与项目）。

（2）环境治理项目

① 垃圾收集和分装储运设施；

② 垃圾填埋和焚烧场的建设项目；

③ 城市和郊区的污水处理厂的选址和设计。

（3）水污染治理项目（ACEDP P0002太湖污染治理项目，P0008跨界水污染管理项目）

① 河流、湖泊、水库的面源和点源污染治理；

② 污染企业的关停；

③ 在上游或周边社区治理污染等措施对农户和其他水资源使用者的生计影响分析；

④ 治理措施的社会影响分析。

专栏2-6：需做社会影响评估的大型公共设施建设项目

大型公共基础设施，一般需要占用耕地和其他社区使用的资源，会完全剥夺或部分占用农户对资源的使用权，或因设施建设需做社区和农户的整体拆迁，这类项目必须做社会影响评估：

（1）高速公路建设项目；

（2）铁路建设项目；

（3）水库、水力发电、拦蓄洪水设施、大坝建设项目；

（4）机场建设、港口建设项目；

（5）军事和国防设施建设。

2.社会影响管理

社会影响评估与管理（social impact assessment and management），是对于公共政策和项目等发展措施可能对人、社区和组织产生的经济、社会、环境和政治等各方面产生的影响的评估和管理。社会影响评估与管理应该在项目周期和政策实施过程中有计划地、随时地运用，以增强政策和项目最终的社会效果并防止或降低可能的负面作用。

专栏2-7：社会影响管理的概念

社会影响管理是社会管理或公共管理的重要内容，是资源管理政策实施和项目设计、实施中避免社会矛盾和社会冲突的有效途径。

社会影响评估是识别公共和私人项目对特定人口产生的正面和负面影响，通过利益相关人的参与和磋商，保证项目的正面影响、寻找消除和减小负面影响的措施，进而消除可能带来的社会矛盾和冲突的重要途径。

社会影响管理不仅是一个行政理念，还包括一系列的规划和行为，是政府职能的重要组成部分。社会影响管理是指政府将政策和公共项目所带来的社会影响控制在社会承受力以内，减少不利影响，规避社会风险，这种管理的目标就是，如果可能的话不带来对环境、社会和人的任何伤害。通过在政策中加入一些保护措施来提高相关利益群体和公众的生活质量。

改革开放30多年来，中国的工业化进程极其迅猛，环境压力也逐渐增大，尤其以稀缺的土地资源和水资源管理方面面临的挑战最为严峻。在这种背景下，社会影响管理在环境保护、改善水质和土地资源管理的政策和项目层面均具有重要的意义。

“社会影响”是一个含义广泛的概念，与经济学和会计学提出“社会成本”概念相类似。早在一个世纪以前，人们就看到了，社会成本就是企业应负担由于工人失业、污染等所造成的对别人和社会的损害。在公共决策中，对社会成本的考虑具有极其重要的意义，因为政府本身要对最后的社会成本负责，从理性的角度来讲，预防和控制社会成本应该是政府规划、政策执行以及项目实施中的重要管理机制。

以建设项目为例，它造成的土壤侵蚀会严重影响农业生产率，建设过程中森林砍伐不仅会导致森林产品和服务价值的减少、旅游收入降低，而且会对舒适性、风景、当地气候条件和物种生存造成影响；项目建设过程中排放的粉尘、硫化物等对人体健康以及环境舒适性和能见度都会有影响等。这些影响所带来的损失或者产生的费用，就是“建设项目的社会成本”。一些学者将“社会成本”定义为：由于实施建设项目而造成的、但不能归入参与项目的合同方的直接或间接成本中的成本。

在110页案例7.1.5中，研究者用定量的方法算出了一个旅游工程所引起的社会成本。这个案例说明，社会成本确实存在，并且每个工程都伴随着社会成本，并且这些成本在一定的条件下是可以量化的。这就为控制社会成本提供了更实用的信息。

社会影响包括对个人、组织和社区的影响。

对个人的影响主要关注的是对个人生活质量的影响，主要包括以下10个方面。

（1）生理需要：如基本的温饱、健康；
（2）心理需要：赏心悦目，心情愉悦；
（3）社会需要：如需要朋友或亲属的交往和关系；
（4）生产需要：使用资源来劳动，获取基本生存资料；
（5）商品和劳务需求（作为消费者）；
（6）居住空间需要：和谐共处的住处（作为居民）；
（7）公民的自由、权力和政治机遇需要；
（8）交通旅行和通行的需要；
（9）文明人对智力、文化和精神需要；
（10）宗教信仰和宗教需求表达等。

对组织的社会影响包括：

（1）项目干预或政策措施是否有助于或有碍于组织达到其使命、宗旨和目标；
（2）项目干预及政策是否危及组织的生存；
（3）项目和政策是否影响了组织的自主权。

对社区的社会影响是以对个人的影响为基础的，个人一方面组成了社区同时又是对社区影响的具体表达。有两种方式来对待社区影响，一种是将社区政府作为另一种组织对待，并将社区影响分割为对个人、团体和组织的影响；另一种是将社区作为社会系统对待，因此社区的社会影响可以依据投入、结构、活动和产出来检验。产出是指个人和家庭的生活条件质量，例如住宅、健康保护、教育、就业、交通、商品和劳务消费、健康保护、教育、政治、文化、信仰、智力和娱乐机会。将人、智力、资金和自然资源输入组织，通过其活动产出这些产出物。

社会影响评价[1]（SIA）产生于1969年的美国国家环境政策法令（National Environmental Protection Act—NEPA）。NEPA要求编制环境影响报告（EIA），来分析美国联邦政府投资或实施的所有项目或规划在环境方面的影响，在NEPA中社会环境包括在环境概念中，因此社会影响评价被纳入了环境影响报告。

目前国际上普遍推行的是一种基于社会学和人类学视角的社会影响评价方法。社会影响评价在20世纪70年代以后得到迅速推广，已被美国、欧盟以及大多数国际机构（如世界银行、亚洲开发银行等）广泛应用于自然资源管理、环境保护、大型基础设施建设、工业建设项目的前期可研阶段，故而也被视为当前我国社会影响评价发展的主要参考模式。

世界银行在1984年就首次要求“社会性评估”应成为世行在进行项目可行性研究工作的一部分，在项目评价阶段，与经济、技术和机构评价共同进行。世行的社会分析规范手册，指出了社会评价的五个切入点：社会多样性和性别，机构、角色及行为，利益相关者，参与，社会风险。世界大坝委员会(World Commission on Dams—WCD)的项目评估与决策考虑次序为：社会评价、生态环境评价、经济与财务评价、管理评价、技术评价[2]。

我国在投资项目社会评价方面起步较晚，始于20世纪80年代末，系统进行项目的社会评价研究始于90年代初。1986—1996年，在联合国开发计划署(UNDP)和英国国际发展部(DFID)的资助下，中外专家组成了“投资项目社会评价课题组”，完成了《投资项目社会评价理论与方法》和《投资项目社会评价指南》两项成果，这标志着我国投资项目社会评价工作进入了起步阶段。2002年1月，原国家发展计划委员会办公厅发布由中国国际工程咨询公司组织编写的《投资项目可行性研究指南》，第一次将社会评价作为中国投资项目可行性研究的重要组成部分，解决了社会评价在投资项目评价体系中从“无”到“有”的问题。2007年5月，国家发改委发布的《项目申请报告通用文本》，正式将社会评价作为企业项目申请报告的必报部分。当前，应用社会评价的项目主要有两类：①国内大型工程项目，如三峡工程、南水北调以及奥运会场馆建设前期都进行了项目社会评价，进行社会评价的项目正在迅速增加；②世行、亚行等国际金融机构贷款项目。

1 王朝纲，李开孟.投资项目社会评价专题讲座.中国工程咨询，2004，8—12期连载。
2 施国庆.非自愿移民：冲突与和谐.江苏社会科学，2005（5）：22—25。

我国《环境保护法》第6条规定，一切单位和个人有义务保护环境，也有权利起诉相关单位和个人。《环境影响评价法》未对全过程参与做出明确的规定，目前只要求在编制和审核环评报告中开展公众参与，然而并未对全过程参与做出明确的规定，更没有提出有效保障公众参与的机制和方法。因此，作为ACEDP项目的一个成果，对公众参与状况的研究正如106页案例7.1.1所示，虽然太湖水污染可能会直接影响到周边社区的基本需求，但是公众参与相关项目的程度却很低，全面地来看，在太湖水污染治理的相关项目中公众参与到决策程度机会还很少，参与面也较小。这说明，目前我国政府实施的项目对社会影响评价还没有规范的要求，所建议的公众参与环节也往往会流于形式。这种情况实际已经影响了政府干预政策执行和实施的效果，造成了地区高速发展中的各方面问题，也都是急需解决的问题，解决这些问题的办法应该是防患于未然，采用控制项目社会影响的立项和实施规范。

公共项目社会影响评价的主要任务可以概括如下：

（1）识别关键利益相关者：根据即将选择的项目干预措施，确定项目影响群体和项目目标群体，制定适当的框架机制使他们参与项目的方案选择、设计、实施、监测和评估，尤其要为贫困和弱势群体的参与制定恰当的机制；

（2）确保目标受益人群能够接受项目的目标及项目实施所带来的社会变化，使项目的内容和方案设计能够考虑到性别、民族及其他社会差异问题；

（3）评估投资项目的社会影响，并在确认有负面影响的情况下，提出减轻或避免由项目活动产生的负面影响的行动方案，并使行动方案的实施措施和手段符合当地的社会习俗；

（4）加强目标群体在社区参与、冲突解决和服务提供等方面的能力。

一般而言，主要是针对当地居民受益较大的社会公益性项目、对人民生活影响较大的基础设施类建设项目、容易引起社会冲突的项目、国家和地区的大中型骨干项目和扶贫项目进行评价。专栏2-8所分析的案例7.1.11就是一个极其复杂的情况，运用GPS方法，通过社区承诺参与制定有效的措施不仅达到了项目目标也实现了良好的社会效益。在具体项目中进行社会影响评估时，要采用表2-2所列方法步骤。

专栏2-8：公共项目社会影响评价主要任务（124页案例7.1.11分析）

（1）利益相关群体的识别：这个项目的四个县都是贫困县，自然条件很恶劣，农户所有的耕地都是黄土高原上的坡耕地，区域经济不发达，非农收入十分有限。退耕还林相关活动主要涉及农户的收入问题，因此，主要的利益相关群体就是当地的农户，而他们中的大多数都是贫困的，其中包括部分回族社区，教育水平很低，非农收入低，需要特别重视。

（2）根据利益相关群体能够承受的条件来确定实现目标的战略。小流域治理项目的实质与我国实施的退耕还林政策是一致的，即通过减少流域内的耕地来减少水土流失。但是这个项目想到的首要问题是，这是用农户的经济利益来换取社会的环境效益，如何能够使环保的目标可持续地稳定实现，将取决于当地农户对项目的支持。在这个认识的前提下，这个“黄土高原水土保持世行项目”的实施战略确定为“以扶贫为重点的小流域治理”。

（3）确定缓减负面影响的方案。项目把替代生计原则作为实施项目的基本原则，在环保效益核算的过程中，全面考虑农户的付出和收获，保证项目使农户能够提高生计水平。

（4）项目设计了详细的参与制度保证农户的参与。在每个社区组成了项目实施的农户管理小组，他们可以直接决定是否对相关工程付款，还可以进行向外村招标，县项目办的干部频繁地下到村社区，监督参与管理的公平性并解决相关问题如到款不及时的问题。

表2-2　社会影响信息的收集步骤

步骤	活动内容
1.确定调查对象	根据即将选择的项目内容及可能产生的影响和问题来确定所涉及的利益相关群体，作为社会影响信息收集的调查对象；这一步看起来容易，其结果直接关系到调查可靠性
2.设计调查方案	（1）拟定调查提纲。确定调查的内容（就是要得到哪些信息）；对相关概念进行确定； （2）确定所使用的方法：问卷、个体访谈、小组访谈、二手统计资料； （3）根据调查目标和方法来确定调查对象：哪个社区，哪些群体和个体（尤其要确定女性小组访谈以及女性知情人调查），以及是否有其他机构和组织，特别是NGO组织；问卷调查的对象抽样：完全随机抽样、结构性抽样； （4）组成调查组，并进行分工和时间安排； （5）必须确保在关键信息上取得分性别的数据和资料
3.实施调查	（1）要全面收集资料； （2）注意使用访谈技巧，保证信息的信度； （3）做好记录，并注意分类和条理化； （4）做好重访提示（如被访人的联系方式）
4.分析总结	在整理资料的基础上进行定量和定性的分析，按照项目要求撰写社会影响评估调查报告

思考题

（1）你认为在公共项目中考虑社会影响是否有必要？为什么？

（2）对于决策者来说，即使对环保或自然资源管理中的社会问题已经认识得足够清楚了，但仍然需要进行社会咨询？

（3）结合您所负责的资源管理和环保项目，确定社会影响评估包括哪些步骤和内容？

3 GPS相关理论概述

在上一章，我们明确了GPS的含义，并具体分析了在自然资源管理和环境保护项目中开展GPS培训的现实必要性。本章将从理论的层面，阐述自然资源管理和环境保护项目中GPS的必要性及其可行性。

3.1 市场失灵

1. 环境外部性理论（Theory of environmental externality）

外部性是一个很抽象的概念，当一种生产或消费活动对其他生产或消费产生不反映在市场价格中的间接效应时，就存在外部性。其中，对受影响者有利的外部影响被称为外部经济，或称为正外部性，对受影响者不利的外部影响被称为外部不经济，或称为负外部性。生产或生活过程中所发生的环境外部性多表现为外部不经济，就是说，环境破坏者没有使之内部化的那些成本，转嫁到外部的公共机构或微观经济单位，作了外部处理；在经济学文献中，废弃物排放、噪声等常常被用作外部不经济的例子。工业化以来，经济活动所引起的环境影响是普遍存在的：煤矿企业基本上不会关心酸性矿水的排放，因为它的任务是采煤。电厂也不会关心空气的污染，因为它的工作是供电。海上渔民并不会考虑他的行为会对鱼的储量以及对其他渔民捕捞机会的减少，因为他追求的是最大捕捞量。

企业发展生产，如果与此同时也引进环保设备治理污染，河流两边的居民就可以享受到清澈洁净的水流，这是好的外部性，这时的水流提供了公益服务。居住在河流两岸的居民恐怕会普遍赞赏这种做法，但可惜的是，企业不会自觉地这样去做。通常的情况是，企业只顾生产而不顾废水、废气污染环境，周围的居民就要承受乌烟瘴气的环境，此时就变成坏的外部性，河流污染成了公害。这种污染对生活在企业周围的居民及全社会来说都是成本，但因为边生产、边治理会减少企业纯收益，所以企业既没有动力考虑也没有动力承担这一部分成本。更何况企业间的竞争也不允许单一企业单独承担社会成本，只有全体企业都承担这种成本，单一的企业才不会在竞争中失败。在这里，成本同时包括了生产成本和环境成本。但目前的市场定价并不考虑外部性，就像目前的国民经济核算体系并不考虑环境保护一样，绿色环境成本仍处在市场关系之外。总之，对环境资源的使用具有外部性，特别是环境污染会造成外部不经济，这是整个经济学界公认的事实。而市场无法有效克服环境保护中的外部性，尤其是负的外部性。

2. 环境公共物品理论（Theory of environmental public goods）

“环境”作为一种公共产品，具有非竞争性和非排他性两个特点。非竞争性是指不会因为消费人数的增加而引起生产成本的增加，即消费者人数的增加所引起的社会边际成本等于零。而非排他性则指产品一旦提供，就不能排除社会中的任何一个人免费享受它所带来的利益。环境问题的“非竞争性”和“非排他性”告诉我们，“环境”这种公共产品无法通过等价交换的机制在生产者和消费者之间建立联系，假如采用市场资源配置的方式进行环境供应，无疑就会发生“市场失灵”。这是在经济发展中产生环境污染问题的根本原因。

从环境的公共物品理论出发，流域上下游地区和下流域不同区位的水资源、土地资源的使用者（包括污染者）无法自发的通过一般的市场交换机制协调其利益关系，包括政府在内的各利益相关主体必须通过平等、公平的磋商谈判机制，确定利益协调的规则和包括税收、转移支付和补贴等措施在内的相应的补偿机制。

3. 庇古定理（Pigou theorems）

英国经济学家阿瑟·庇古于1928年提出。庇古认为，自由竞争的市场机制本身不能克服外部性带来的低效率，必须由政府进行适当干预，是克服市场失灵一种较有影响的一个理论。例如，庇古税是通过对生产负外部性的生产者征收税收或者对产生正外部性的生产者给予补贴，从而使得外部性内在化的修正性税。如对有污染的造纸厂和钢铁厂多征税，对教育等给予补贴。

专栏3-1：庇古定理对自然资源管理多利益主体参与机制的启示

政府的税收、补贴政策措施，虽然是矫正市场失灵的措施之一，但如果没有相关利益主体的参与、磋商和博弈，光靠政府调控不同区位和不同类型的资源使用者之间的利益冲突则未必有效。 况且实际运作过程中，代表政府的部门机构或执行人有可能被一些强势利益主体所左右或通过利益交换实现自身部门或乃至个人的利益。因此，自然资源管理中，利益相关者的根据达成共识的规则（制度或制度安排）参与、磋商、谈判、博弈是实现资源保护和可持续利用目标的重要机制。

4. 政府失灵（Government failure）

政府失灵是指个人对公共物品的需求在现代化议制民主政治中得不到很好的满足，公共部门在提供公共物品时趋向于浪费和滥用资源，致使公共支出规模过大或者效率降低，政府的活动或干预措施缺乏效率，或者说政府做出了降低经济效率的决策或不能实施改善经济效率的决策。

专栏3-2：政府失灵理论的启示

政府在自然资源管理，实现公共利益最大化的政策制定、决策中的作用不可或缺，但是，单靠政府，没有包括自然资源使用者农户在内的相关利益主体的参与，不可能实现资源可持续管理的目标。

3.2 产权交易理论与公共资源管理

1. 科斯定理(Coase theorem)

由罗纳德 · 科斯（Ronald Coase）提出的一种观点，认为在某些条件下，经济的外部性（非效率）可以通过当事人的谈判而得到纠正，从而达到社会效益最大化。关于科斯定理，比较流行的说法是：只要财产权是明确的，并且交易成本为零或者很小，那么，无论在开始时将财产权赋予谁，市场均衡的最终结果都是有效率的，实现资源配置的帕雷托最优。

科斯真正伟大的地方在于，他提出的观点改变了人们的认识习惯，如果科斯定理对“庇古税”的质疑引发了人们对传统习惯的否定，那么科斯对产权的阐述则更加改变了人们观察问题的视角。科斯定理说明，市场失灵并不是政府干预的充要条件，同时政府干预也不是治理市场失灵问题的唯一办法，“庇古税”只是政府解决市场失灵的具体措施之一，而更重要的是，科斯定理告诉人们产权明晰的重要意义以及制度在经济活动中的重要性。

当然，科斯定理并不是完全否定庇古的理论，而是从新古典自由主义经济学的立场上对庇古理论进行的扬弃，从而使人们对市场在解决外部性问题时的重要性有了进一步的认识。

专栏3–3：科斯定理的启示

为实现保护资源、环境的公共目标，改变资源的使用或管理模式，限制甚至终止特定人群或利益相关者的资源使用权利，必须对受到影响的当事人进行补偿。而合理补偿的必须在明确承认并在改变资源管理方式的实际操作中尊重当事人对资源的“所有权”或“使用权”（如耕地使用权，林地使用权，水权等），通过平等谈判，达成让渡使用权的补偿方案，这样才能实现保护、管理和受影响群体生计发展的多赢目标。

2.帕累托最优（Pareto optimality）与帕累托改进（Pareto improvement）

博弈论中的重要概念，并且在经济学，工程学和社会科学中有着广泛的应用。帕累托最优是指资源分配的一种状态，在不使任何人境况变坏的情况下，而不可能再使某些人的处境变好。帕累托最优是公平与效率的“理想王国”。帕累托改进是指一种变化，在没有使任何人境况变坏的前提下，使得至少一个人变得更好。一方面，帕累托最优是指没有进行帕累托改进的余地的状态；另一方面，帕累托改进是达到帕累托最优的路径和方法。

3. 产权理论（Property right theory）

科斯是现代产权理论的奠基者和主要代表，被西方经济学家认为是产权理论的创始人，他一生所致力考察的不是经济运行过程本身(这是正统微观经济学所研究的核心问题)，而是经济运行背后的财产权利结构，即运行的制度基础。科斯产权理论的核心是：一切经济交往活动的前提是制度安排，这种制度实质上是一种人们之间行使一定行为的权力。因此，经济分析的首要任务界定产权，明确规定当事人可以做什么，然后通过权利的交易达到社会总产品的最大化。

4. 产权交易（Transaction of the property rights）

产权交易，是指资产所有者将其资产所有权和经营权全部或者部分有偿转让的一种遵循等价交换原则的商品经营活动。产权交易具有限制性、复杂性、多样性、市场性等特征。以多样性为例，按交易方式分为五种形式：购买式、承担债务式、吸收入股式、控股式、承担安排全部职工。

5. 诺斯悖论（North paradox）

诺斯在1981年提出，国家具有双重目标，一方面通过向不同的势力集团提供不同的产权，获取租金的最大化；另一方面，国家还试图降低交易费用以推动社会产出的最大化，从而获取国家税收的增加。国家的这两个目标经常是冲突的。“诺斯悖论”描述了国家与社会经济相互联系和相互矛盾的关系，即“国家的存在是经济增长的关键，然而国家又是经济衰退的根源”。另外，由于存在着投票的悖论、理性的无知，加之政治市场的竞争更不充分和交易的对象更难以考核等因素，政治市场的交易费用高昂。结果，政府作用的结果往往是经济增长的停滞。

3.3 公众参与的相关理论

1. 可持续生计理论（Theory of sustainable livelihood）

20世纪80年代以来，国外研究者和国际组织对农户的生计与可持续生计进行了大量研究。例如，Chambers & Conway（1992）认为，“生计是谋生的方式，该谋生方式建立在能力、资产和活动的基础之上。如果人们能应对胁迫和冲击，并从中恢复、维持和增加资产，保持和提高能力，并且为下一代生存提供机会，在长期和短期内以及在当地和全球范围内为他人的生计带来净收益，同时又不损坏自然基础，那么，该生计具有持续性”。Scoones（1998）认为，生计由生活所需要的能力、资产（包括物资资源和社会资源）以及行动组成。世界著名的从事农村扶贫与发展研究的学者Ellis（2000）认为，“资产（自然的、物质的、人力的、金融的和社会的资产）、行动和获得这些的权利受到制度和社会关系的调节，这一切决定了个人和农户获得收入的活动”。

在众多生计分析框架中，英国国际发展署(DIFD)的可持续生计分析框架使用最为广泛，最具有影响力。因此，本文依据DIFD（1998）的可持续生计分析框架（图3–1）进行分析。依据该框架，农户对其所拥有的生计资本进行组合，从事不同的生产活动从而追求某种生计策略；各类资产的可及性或可获取性及农户对各类资产的利用受到社会因素、外在趋势和冲击因素等的制约。

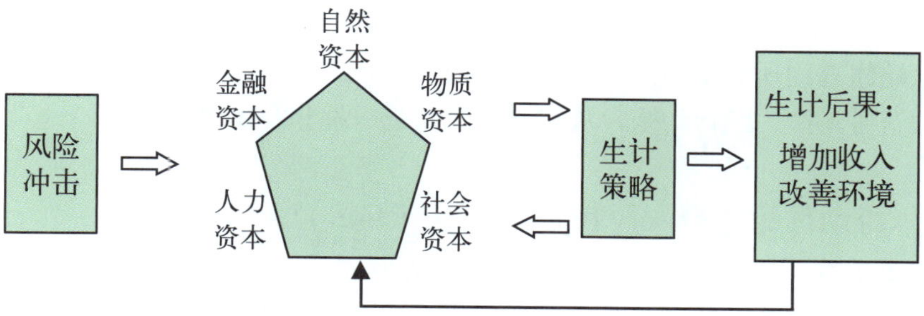

图3-1　可持续生计分析框架（参考1998年DFID可持续生计分析框架）

专栏3-4：可持续生计框架在资源管理中的应用

可持续生计框架，作为一种发展行动分析的系统方法，对识别资源管理和环境保护项目对农户基本生活和收入的影响和实施资源管理项目中帮助农户选择替代生计，具有重要的应用价值。

2. 女权主义（Feminism）

泛指妇女要求平等权利的社会思潮，是近代资产阶级启蒙思想运动和妇女解放运动的产物，提倡妇女在人类生活所有领域与男子具有同等权利。女权主义具有广泛的文化内涵，涉及政治、经济、法律、教育、宗教、伦理等领域，并导致当代声势浩大的女权主义运动。

自1975年以来历届联合国世界妇女大会的召开，“女权即人权”的口号在国际上也已获得了越来越多的认同。而2004年度修订通过的中国《宪法》，也在第33条第三款列入了“国家尊重和保障人权”的内容，其中男女权利方面的平等，主要体现在教育、就业以及政治参与等诸多层面。

3. 博弈论（Game theory）

博弈论，属应用数学的一个分支，目前在其他很多学科都有广泛的应用。博弈论主要研究公式化了的激励结构间的相互作用。博弈论考虑游戏中的个体的预测行为和实际行为，并研究它们的优化策略。博弈的分类根据不同的基准也有不同的分类。一般认为，博弈主要可以分为合作博弈和非合作博弈。合作博弈和非合作博弈的区别在于相互发生作用的当事人之间有没有一个具有约束力的协议，如果有，就是合作博弈，如果没有，就是非合作博弈。

4. 纳什均衡（Nash equilibrium）

假设有n个局中人参与博弈，给定其他人策略的条件下，每个局中人选择自己的最优策略（个人最优策略可能依赖于也可能不依赖于他人的策略），从而使自己利益最大化。所有局中人策略构成一个策略组合（strategy profile）。纳什均衡指的是这样一种策略组合，这种策略组合由所有参与人最优策略组成。即在给定别人策略的情况下，没有人有足够理由打破这种均衡。纳什均衡，从实质上说，是一种非合作博弈状态。

5. 集体行动理论（Theory of collective action）

美国著名经济学家奥尔森在《集体行动的逻辑》一书中提出，他创造性地在集体行动的研究领域引入了传统经济学经常强调的个体主义方法论的视角。传统的社会理论家研究集团行为时总是认为，组织或集团的存在是为了维护其成员的共同利益，而且它们也能有效地做到这一点。而奥尔森从经济学的个人主义视角出发，首先假定，每个人都是理性人，而理性人的显著特征就是行为前要进行成本收益的计算和权衡，以追求自身效用的最大化为目的，即使在组织或集团中也是如此，由此得出了相反的结论：理性的自利的个人不会积极主动地发动集体行动、提供集体物品以满足所属集团或组织的需要，必须对集团成员实施选择性激励才能提高成员提供集体物品的可能性。具体来说，不同规模和性质的集团对其成员行为有不同影响。例如，在集体物品的获取方面，小集团比大集团更有优势。集团越大，它提供的集体物品的数量就会越低于最优数量。

6. 公共选择理论（Public choice theory）

公共选择理论认为，人类社会由两个市场组成，一个是经济市场，另一个是政治市场。在经济市场上，人们通过货币选票来选择能给其带来最大满足的私人物品；在政治市场上，人们通过政治选票来选择能给其带来最大利益的政治家、政策法案和法律制度。该理论认为，没有理由认为同一个人在两个不同的市场上会根据两种完全不同的行为动机进行活动，即在经济市场上追求自身利益的最大化，而在政治市场上则是利他主义的，自觉追求公共利益的最大化；同一个人在两种场合受不同的动机支配并追求不同的目标，是不可理解的，在逻辑上是自相矛盾的。公共选择理论试图把人的行为的两个方面重新纳入一个统一的分析框架或理论模式，用经济学的方法和基本假设来统一分析人的行为的这两个方面，从而拆除传统的西方经济学在经济学和政治学这两个学科之间竖起的隔墙，创立使二者融为一体的新政治经济学体系。该理论的主要内容如下：

公共选择（public choice）指在市场经济条件下，以个人利益最大化为内在动力，通过民主程序投票等实现对公共经济的理性决策。公共选择理论是对政府决策过程的经济分析。公共选择理论的核心是对投票及其相关决策程序的研究。

公共选择的目的：保证政府按大多数社会成员的意愿来提供公共产品的数量和质量。

公共选择的方法：投票及其他民主形式和程序。

公共选择的机制：各参与主体通过交易来谋求自我利益最大化的实现。

公共选择的过程：个人偏好向社会偏好转化的过程。

7. 治理理论（The theory of governance）

针对传统的二分法模式（即要么是政府计划的，要么是市场的）的失效，治理理论提出了超越计划——市场二分对立思维模式，“愈来愈多地热衷于以治理机制对付市场或国家协调的失败”，其目的就在于力图通过治理达成社会资源的最佳配置。根据全球治理委员会于1995年发表的一份题为《我们的全球伙伴关系》的研究报告，治理的定义和含义如下：“治理是各种公共的或私人的机构管理其共同事务的诸多方式的总和；它是使相互冲突的或不同的利益得以调和并且采取联合行动的持续的过程”。[1] 总之，治理的本质特征在于政府与公民对公共生活的合作管理，它强调政府与公民的良好合作以及公民的积极参与。例如，提供公共产品是政府的重要职能，但治理理论认为，提供公共产品的职责不仅限于政府，非政府组织、私人组织等同样可以提供公共产品，甚至其供给效能更佳。因此，提倡用私营企业精神来改造公共部门，以期提高公共产品供给的效率。

3.4 冲突管理理论

冲突管理理论（Conflict management theory）：冲突不是一种静态的形势，而是一个动态的过程，其烈度会随着冲突的发展而变化。任何形式的冲突都是有生命的，有自身产生、发展、消亡的一个过程。与此相对应，冲突应对战略可以大略分为：冲突预防、冲突管理和冲突解决。冲突管理是在冲突显现之后采取的应对策略。

从现实看，冲突管理旨在对不相容性进行协调和管理，通过谈判、调停等第三方介入的手段和冲突管理的框架性机制等一系列方式和途径对冲突予以引导性管理，防止冲突演变成剧烈的暴力行动，减小冲突的危害性（图3-2）。

图3-2 与社区资源使用者就资源管理进行平等磋商是避免社会冲突的重要机制

在具体操作上，冲突管理是在一定组织内的活动，包括冲突管理者对冲突进行分析、评估并对其管理进行可行性研究；确定管理的目标、设定计划及程序安排；调动可采用的资源对实施管理计划，并对各方进行引导和沟通；对冲突管理进程进行一定程度的监督和控制，保证操作运行与管理目标相一致。

1 全球治理委员会．我们的全球伙伴关系（Our Global Neighborhood）．牛津：牛津大学出版社，1995：23。

3.5 理论综述及对公共参与的启示

当一种生产或消费活动对其他生产或消费产生不反映在市场价格中的间接效应时，就存在外部性。市场无法有效克服环境保护中的外部性，尤其是负的外部性；同时，环境作为一种公共物品，因其“非竞争性”和“非排他性”，市场机制也难以发挥有效的调节作用。市场机制之外，政府干预可以通过产权界定、税收等形式致力于解决环境的外部性问题，但同样也会存在着政府失灵的问题。因此，如何有效应对环境影响的外部性成为实践中迫切需要解决的问题，而公众参与的一些相关理论则提供了许多借鉴。

20世纪80年代以来，面对发展过程中日益严重的资源环境约束，可持续生计理论迫切指出，增强个人的行动能力是实现可持续发展的关键，特别是在女权主义兴起的时代背景下，女性的公众参与问题日益凸显；而行动能力的提高需要在具体的公众参与实践中去提高。环境保护的公益性，要求政策的产生和制定必须有企业、非政府组织、政府部门和公众个人的共同参与合作。尽管很难把每个人的意愿和偏好都反映到公共政策中，但由于各个主体代表不同的利益，所以也只有在参与的过程中才能相互了解和协调。所以，建立环境制定中的公众参与机制，鼓励公众通过各种途径从事环保事业，维护公众的合法环境权益，是非常有必要的。

图3-3 ACEDP项目中社区人员参与实地勘察地下水位变化情况

社区内部的资源使用者参与资源管理中问题的识别诊断和干预措施的制订，是避免项目实施中社会冲突的重要途径（图3-3）。

对于公众参与，我们主要梳理了包括博弈论、集体行动理论、公共选择理论等相关理论，逐渐从个体间的博弈，上升到群体行动的达成，进而延伸到对于公共政策的参与，实现对于环境问题的良好治理；之外，我们还从动态的角度，基于冲突管理理论，分析了公众参与中群体矛盾的解决问题。而这些理论，对于我们理解自然资源管理与环境保护中的GPS项目具有重要的指导意义。

思考题

（1）为什么在自然资源管理与环境保护问题上会出现市场失灵现象？

（2）在自然资源管理与环境保护问题上政府失灵的表现有哪些？

（3）请结合具体理论，分析在自然资源管理与环境保护问题上，如何实现有效公众参与？

（4）请结合案例，具体阐释公众参与中的冲突管理理论。

4 自然资源管理和环境保护项目中GPS的主流化

公众参与、性别主流化、社会影响和社会冲突管理需贯穿到项目的整个生命周期中的每一个环节，给受到项目影响的不同利益相关者充分参与影响识别、表达需求和补偿生计影响的决策的权利和机会。本章将重点介绍如何在自然资源管理和环保项目周期管理中应用公众参与和性别主流化理念和工具，实现自然资源管理的公共目标与受到影响的利益相关者生计发展目标的双赢。

4.1 项目生命周期中的GPS

4.1.1 GPS在资源管理、环保项目和一般投资项目生命周期中的主流化

不管是政府启动的公共投资项目（自然资源管理、环境保护），还是私营部门、企业投资的商业项目，从项目进程和时间序列上，都可以划分成不同的阶段，完成了这些阶段，项目就完成了一个生命周期循环。项目整个生命周期一般可以划分成4个阶段：

（1）项目的识别；
（2）项目的规划；
（3）项目实施中的监测；
（4）项目评估。

中国环境发展伙伴项目强调在自然资源管理和环境保护项目的整个生命周期中应用性别主流化、公众参与和社会影响评估，以保证：

（1）女性人口在项目决策、项目实施和项目评估中的平等参与和受益；
（2）流域、农村社区和自然资源的使用者，以及受到自然资源管理项目、工业投资项目影响的利益相关者，能够充分知情、充分参与、表达诉求、通过互动磋商达成共识，进而对实现公共目标作出承诺；
（3）避免或缓解由于项目措施而引起的不同类型的利益相关者（上、中、下游的资源使用者、政府与社区、群体与个体）之间的社会矛盾和冲突，保证项目的顺利实施并实现资源管理公共和个体的发展目标。

同样，在制定和实施相应的公共政策中，特别是资源和环境管理政策，如流域生态补偿、跨流域水污染管理和灌区水权交易制度等政策过程中，也必须将性别平等、公众参与和社会影响评估（GPS）作为制定政策、实施政策和评估政策效果的主要原则和指导性指标。

根据我国国情和发达国家环境保护和资源管理项目的经验，我们认为，以下四个条件是实现GPS主流化的重要保障：

（1）政府制定保证性别平等、公众参与和社会影响评估和管理的有关制度和规则，并监督制度和规则的贯彻实施；
（2）在操作层面，政府委托独立的公共部门和专业委员会就公共项目设计和公共政策的制定与相关社区和利益群体进行磋商；
（3）相关利益群体（包括女性、贫困人口、脆弱人群）的充分知情，参与过程要能够做到互动和透明；
（4）能够保障利益相关者和受益人在整个项目生命周期中的系统参与和监督。

根据我国公共投资项目、资源管理和环境保护项目的特点，借鉴发达国家的相关政策和做法，我们提出“性别主流化、公众参与和社会影响评估必须贯穿到一般项目的整个生命周期中去”的指导思想。

根据这个指导思想，我们提出自然资源管理、环境保护项目和公共投资项目生命周期中GPS的基本程序和运作框架如图4−1所示。

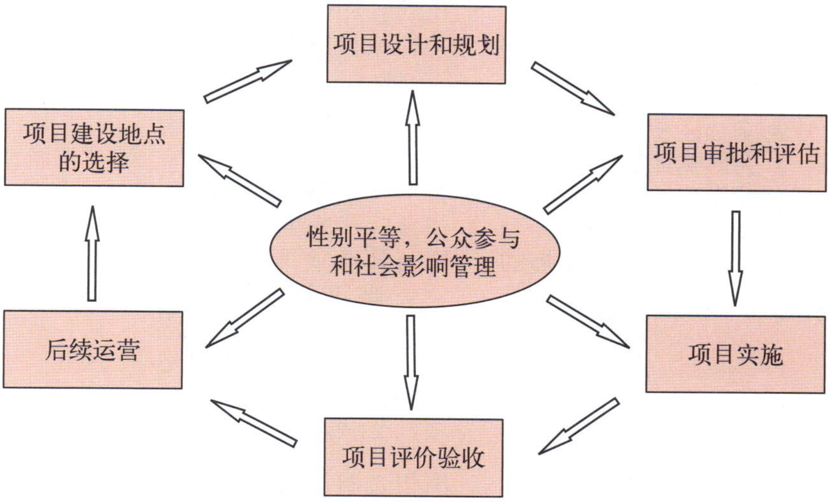

图4−1 资源管理、环境保护和公共投资项目生命周期中的GPS流程

项目整个生命周期中的公众参与和性别主流化，在应用实践中，应根据每个阶段的主要任务、项目的具体内容和参与对象的参与能力和意愿，对促进参与的方法和途径有一定的灵活性和选择性。作为社区和小流域层面公众参与的主要推动者和协助者，相关政府部门参与项目设计、规划、管理和监测评价的技术和管理人员，必须比较熟练地掌握促进社区公众参与的程序、工具和方法。表4−1给出了资源管理、环境保护和大型公益设施类项目在不同阶段的公众参与内容、途径和主要参与者。

4.1.2 不同类型项目GPS关注的核心问题

不同类型的资源管理项目和环保项目，在投资项目设计、实施和效果评估阶段的GPS关注点有所不同。需要注意的是，由于女性与自然资源（如饮用水）的关系更加紧密（大多数情况下，她们负责取水、收集燃料等），她们更加了解自然资源，因此，在自然资源管理项目中，她们的乡土知识、对项目的热情以及基于认真态度的能力使她们成为项目成功的关键因素。表4−2是资源管理项目、环保项目和一般公共和私人投资项目生命周期中GPS关注的核心问题，供不同类型项目管理者制定GPS策略时参考。

表4–1　资源管理、环境保护和大型公益类项目公众参与的任务，内容，方法框架

项目周期	公众参与的内容	促进公众参与途径和方法	主要参与者
项目建设地点选择阶段	– 确定选定的项目点会对哪些社区和农户产生影响 – 对周边居民可能产生什么健康影响 – 征地搬迁对社区农户的影响	– 召开群众大会，宣传、公示项目意图 – 建设点的联合踏查 – 社区代表磋商会 – 选点结果的公示 – 受到项目影响的相关群体分析	– 社区代表 – 与项目内容相关的政府部门 – 项目实施或建设单位代表 – 公众参与专家
项目设计规划阶段	– 影响社区和对象的识别 – 社会影响评估 – 环境影响评估 – 减少或避免环境和社会负面影响的项目措施的选择	– 社区问卷调查，征询农户的意见 – 召开小组访谈/社区研讨会 – 与社区代表的就项目措施及补偿项目措施的社会影响进行磋商和谈判，就项目措施对社区生计影响的补偿机制达成共识 – 项目设计结果的张榜公布	– 社区居民代表 – 使用资源的女性劳动力 – 与项目内容相关的政府部门，如发改委，林业局，环保局，水务局等 – NGO – 项目可研承担机构
项目审批评估阶段	– 让所有的利益相关者了解项目的社会可行性和环境可行性 – 知晓为减小和避免负面的社会和环境影响项目采取的具体措施，为后续的监督奠定基础	– 组织项目社会和环境影响公众听证会 – 通过互联网和报纸，电视等媒体公布评估结果 – 接受公众的投诉和质询	– 相关政府部门，发改委、林业局、环保局、水务局等 – 社区代表 – NGO – 公共媒体 – 项目执行机构
项目实施阶段	– 监督是否按照环境和社会影响评估阶段提出的要求实施项目 – 环保和污染处理设施的建设是否到位	– 社区代表对在建项目的定期检查 – 多利益主体参加的联合检查和联席会议 – 违规项目的公众投诉 – 违规情况的媒体曝光	– 社区居民代表 – 政府相关部门 – NGO – 公共媒体 – 公共参与专家
项目终期评估和验收	– 项目建设是否达到了环境排放标准 – 是否避免了项目负面的社会影响	– 社会影响评估指标的核实 – 环境影响指标的核实 – 多利益主体的联合检查验收	– 社区代表 – 政府部门 – NGO – 参与式评估专家
项目运营阶段	– 监督生产运营阶段是否遵守了项目设计阶段的承诺，兑现补偿 – 检查减少环境和社会影响应对措施的实施情况及其效果	– 定期联合检查，监督 – 公众投诉举报机制 – 监督检查和处罚结果的公示	– 社区居民代表 – 政府部门 – NGO – 公众参与专家

表4-2 不同类型资源管理项目、环境保护和公共投资项目GPS关注的核心问题[1]

项目类型	性别平等/性别主流化	公众参与	社会影响评估/管理
自然资源管理项目（流域生态补偿、湿地保护、林业生态资源管理项目、节水灌溉项目）	- 谁是林地、湿地资源的主要使用者（男性、女性） - 改变资源的使用模式，是否对女性的生计和收入产生影响 - 推荐的补偿措施和项目内容能否保证女性的参与和收益	- 受到项目影响的上游流域社区和公众的参与和知情 - 下游受益区域和社区的参与和知情 - 补偿政策的主要受益者	- 谁受到生计的影响 - 补偿多少？如何进行补偿 - 社会冲突的管理和协调 - 资源可持续管理意识的提高
环境保护和环境管理项目（流域水污染治理，河流健康和环境流量项目）	- 谁是水资源的使用者 - 水资源污染影响谁的健康 - 从事导致污染生产活动的劳动力（男性，女性） - 治理活动对女性是否产生就业和收入影响 - 女性和男性新的生计活动需求 - 治理活动是否保证女性参与和受益 - 谁是水污染的主要受害者（男性，女性）	- 对流域所在社区的整体发展的影响 - 社区内部不同权益人的知情和参与 - 治理的受益人口是谁 - 谁应支付治理的费用？是受益的城市人口还是政府	- 治理对资源使用者的生计影响 - 对流域中贫困人口和脆弱群体的影响 - 对贫困社区的影响 - 治理措施社会影响和社会风险评估 - 受益者、受益区域对治理区域的受影响者的支付
一般投资项目（工业投资、垃圾处理、污水处理项目）	- 谁是可能污染的最大受害者 - 对女性和男性的健康影响 - 女性居民在项目选址和项目环保措施选择中的参与	- 项目点周边社区居民的知情和参与 - 社区居民在项目环保措施的选择中的参与 - 在项目建成运转中的监督	- 项目对周边社区环境和健康影响 - 可能导致的社会影响和冲突

1 根据苏州GPS方法培训班小组讨论结果整理。

4.2 太湖流域水污染治理项目中的GPS主流化

4.2.1 太湖流域水污染治理的现状

太湖流域位于我国长江三角洲的南部，北临长江，南接钱塘江，向东流入东海。流域总面积36 500平方千米，流域涵盖江苏苏南、安徽东南、浙北和上海市大部。太湖是我国的第三大淡水湖，总面积2 300平方千米。除太湖外，太湖流域尚有面积超过10平方千米的湖泊8个，总面积超过500平方千米。

图4-2 太湖流域行政区划图

环太湖周边区域地理位置优越，有上海、无锡、苏州、湖州、宜兴、镇江、常州、嘉兴等大中型城市，人口密度大，工商业和制造业发达，改革开放以后，乡镇企业发展迅速，是我国经济最发达地区之一。改革开放以来，随着环太湖地区的工业快速发展、城市的扩张、人口的集中和迁入，工业废水排放、城市生活污水排放、农业化肥、农药、畜牧业粪便排放和网箱养殖饵料投放等经济经营活动，使太湖水环境不断恶化（图4–3和图4–4）。据专家估计，全太湖流域的工业和生活点源污染排放量达到50亿吨，有些地区的城镇生活污水的处理率仅为30%左右。2007年5月，太湖蓝藻暴发，使无锡市区的自来水发臭，严重影响了市民的正常生活，制约了环太湖地区的社会和经济发展，引发了一系列的社会问题。太湖污染直接影响、甚至威胁到我国长三角地区的社会经济可持续发展。太湖污染治理从20世纪90年代开始，形成了马拉松式的“边污染边治理”，“边治理边污染”的恶性循环。有专家甚至质疑以牺牲太湖周边生态环境为代价的所谓“苏南模式”。

图4–3 太湖周边地区的快速城镇化和人口增长对水环境保护造成较大压力

图4–4 集约化畜牧养殖排放的粪便威胁太湖的水质

面对严峻的太湖污染形势，太湖周边地区的地方政府和中央政府下决心治理太湖流域的水质污染。地方投入大量资金，对导致湖水污染点源和面源污染进行综合治理。2007年蓝藻暴发后，加大了治理力度，使污染势头得到了初步的遏制。2011年，国务院颁发了《太湖流域管理条例》，对太湖水污染治理、水源保护作出详尽的法律规定。

太湖污染综合治理面临着巨大的挑战之一，是太湖周边涉及两省一市的10多个人口密集经济发达的城市，污染和污染的治理牵扯到众多的工业企业、市政、发改、农业、水利、环保、畜牧、水产养殖多个综合和行业部门，牵扯到农业与工业、城市与农村、个人与企业、城市与城市、地区与地区等多个利益界面和利益主体。太湖近30年的治理效果表明，要使如此众多的利益主体在如此复杂的利益关系中达成治理的共识，采取统一协调的行动，单靠地方政府的行政手段，不采取公众参与和多利益主体平等磋商的机制，是难以实现治理目标的。

正因为这种情况，中澳环境发展伙伴项目选择了太湖和太湖流域作为公众参与、性别主流化和社会影响管理子项目（GPS）的试点区域。

4.2.2 太湖流域水污染治理项目中GPS主流化框架

太湖流域周边的社区的生计活动，包括农业、畜牧业、生活污水排放（面源污染）和工业企业排放（点源污染）是导致太湖水质污染、太湖蓝藻暴发的主要原因。太湖流域的污染治理，牵扯到城市社区、农村社区、工业和农业，因此，在治理项目设计和项目实施和效果评价中，必须关注女性、保证相关利益群体的参与、关注治理带来的可能的社会影响和冲突。

中澳环境发展伙伴项目“公众参与和性别主流化”子项目（GPS）在国家发改委的支持下，在苏州举办了苏州、湖州两市的发改委、环保局、农业局、水利局、妇联干部参加的公众参与和性别主流化方法培训。

培训的小组讨论中，在培训专家的辅导下，两市的学员采用互动讨论、集思广益、直观展示的方法，归纳出了太湖流域点、面源污染治理项目中不同阶段的公众参与和性别主流化要回答的主要问题及主要参与者框架。形成了太湖流域治理GPS主流化策略框架（图4-5和表4-3）。

这个公众参与和性别主流化框架，为社区、农户和女性人口参与太湖流域污染源识别，污染治理项目的规划，污染治理项目的实施和治理项目的效果评价，奠定了内容和对象基础。同时这个策略框架，也是选择公众参与途径和方法的基础。可以作为类似项目开展公众参与的内容参考。

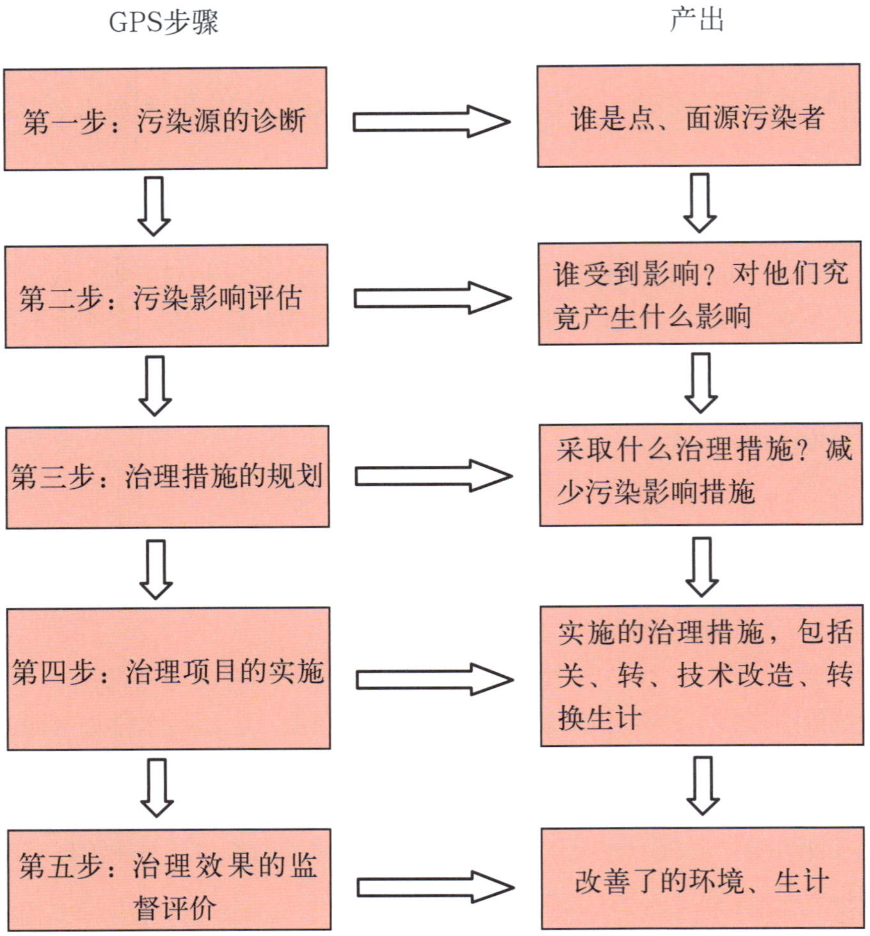

图4-5　太湖流域点、面源污染治理中的公众参与、性别主流化和社会影响管理流程图

4.2.3　太湖流域污染治理项目运用GPS的案例分析

1. 流域污染治理项目社会影响评估的目的

环境污染的原因，归根结底是一个社会问题。人类生活、生活活动和消费行为导致湖泊、水体和环境的污染。识别污染源需做系统的社会经济学分析诊断，同时需识别工业建设项目和污染治理项目对特定人口、社区产生的可能的负面社会影响，包括女性、儿童、学生以及受到项目影响的脆弱社区和居民。

社会影响评估的主要目的可概括为：

（1）评估项目实施产生的社会风险；

（2）就可能的社会影响和社会风向提出应对措施和补偿措施；

（3）提高社区居民对项目的知晓率，提升公众环境保护意识和环境保护的参与度。

表4-3 太湖流域点、面源污染治理GPS主流化策略框架（案例）

阶段	湖州组		苏州组	
	与GPS相关的问题	主要参与人	与GPS相关的问题	主要参与人
污染源诊断分析	– 水产（珍珠养殖）、畜牧、林业和种植业所造成的污染主要以谁为主（男性、女性） – 生活污染与谁有关（男性、女性）	– 家庭：男性和女性 – 社区（男、女村民）	– 点源：企业、工厂 – 面源污染：水产养殖 – 农业面源污染：化肥、农药 – 生活垃圾污染	– 社区、居民 – 分别男性和女性 – 公共单位
受污染影响群体的识别	– 处于流域哪个区位的社区受到污染的影响 – 哪类人群受到影响	– 污染治理机构 – 受到影响社区代表 – 男性村民和女性村民	– 哪类人群受到污染影响 – 具体受到什么影响、饮水、空气传染病	– 项目政府部门 – 受到污染影响的社区代表
治理措施规划	– 以水产业为主 – 关停小型作业工厂对谁造成影响 – 综合治理对谁造成影响（动物垃圾集中排放） – 湖区禁止养殖，对谁造成影响 – 池塘养殖、养殖模式对谁有影响	– 社区、家庭（女性劳动力） – 社区公众（包括男性和女性）	– 减少围网养殖（生态养殖） – 减少化肥、农药使用量，退耕还林 – “截污纳管”处理排放 – 规模养殖、污染物无害化资源化利用	– 监管职能部门 – 养殖户（男性和女性）、饲料经营户、消费者
治理项目实施	– 由谁来实施 – 作用是什么 – 如何实施	– 政府参与 – 社区（城市和农村） – 组织、自愿者 – 科研机构、专家学者	– 谁是最大的受害者，谁是最大的受益者 – 建立生态补偿机制 – 劳动力转移、加强培训 – 建立农业生态示范园，发展绿色生态农业 – 建设农业废弃物资源化利用工程	– 社区代表 – 政府相关官员 – 女性 – 村干部 – 养殖户
治理效果评价	– 谁受益 – 补偿谁	– 政府部门 – 受益人（男性、女性） – 相关流域和社区	– 谁参与了项目 – 谁在项目参与中受益	– 社区的参与者和受益者（女性、贫困农户等）

2. 社会影响评估公众参与目标群体的范围界定

1）直接参与者

（1）导致太湖流域污染的小流域和周边社区的代表是公众参与的主体，包括主要项目建设点周边社区的村干部和村民/居民代表及社区环境磋商小组成员；

（2）直接排放污染物（点源污染和面源污染）的农户和经营者，如大棚蔬菜种植户、畜牧养殖农户、养鱼户、从事餐饮业生活垃圾排放经营者、工业项目的投资者和其他污染物的排放者；

（3）可能直接受到环境和社会负面影响的农户、村组的代表、由于污染治理而需搬迁或改变生计模式甚至短期收入受到影响的农户和个体，包括女性、儿童、学生等。

2）公众参与的促进者

（1）环保局及其他污染监测和行政执法部门；

（2）其他政府部门，如水务局、畜牧局、农业局、水产局、市政、工业局等与点源和非点源污染源相关的部门；

（3）社评承担单位、具有环评和社评资质的大学和环保研究机构或事业单位等；

（4）环保民间组织，包括国家和地方的民间环保组织，如无锡市的环保协会、环保人士、环保志愿者等；

（5）公共媒体：环保网站互联网，电视，报纸等。

3）社会影响评估的程序、内容、任务

根据环太湖上下游的社会经济发展、人口分布和产业分布现状，以及防治点源和面源污染中面临的公众认知和社会心理状况，提出如下社会影响评估任务清单，供地方环保部门、主持和实施环评和社评的部门参考。

（1）流域的社会经济状况分析。流域内的社会经济整体发展状况分析：人口、人口分布、GDP、行业GDP的比重；工业行业的分类，化工、造纸、机械制造、食品加工、电子等；农业产业结构，种植、果树、蔬菜、其他经济作物；养殖业、品种、粪便的排放总量；生产资料：化肥、农药、饲料；水产养殖业：面积、产量、饵料/饲料。

（2）点源污染和面源污染源的识别和社会经济原因的诊断。相关利益群体的识别和利益取向分析。导致点源污染和面源污染的社会群体，包括城市、农村、农业、工业、企业、个体、家庭、社区。特定群体的污染物排放及排放量，导致污染物排放的社会经济因素和利益取向分析；农村社区要分析来自种植、养殖、水产等生产活动的氮磷排放及其和现有肥料、饲养方式之间的关系。

（3）社会经济和社会影响评估。

① 受到太湖流域水污染影响的社会群体识别：受到工业建设项目产生的污染影响的社区和社会群体，包括农村社区、城市社区、社区内部特定的人群，如女性、儿童、学生、老人、贫困人口等；受影响的区域面积、社区的数量、受影响的人口数量、区域分布等；

② 受到污染影响群体的社会经济特征、生计特征分析、当前的生计困境；

③ 污染项目实施产生的社会影响识别和社会影响评估：特定群体对污染和污染程度的认知；对污染的社会影响评估：饮水质量、健康的影响；对家庭收入、整体生活质量的影响；对影响的程度打分评估；

④ 控制农业、畜牧业、水产养殖业氮磷排放技术措施，及其对农户的生产效益、经营收入、劳动力配置所产生的影响。

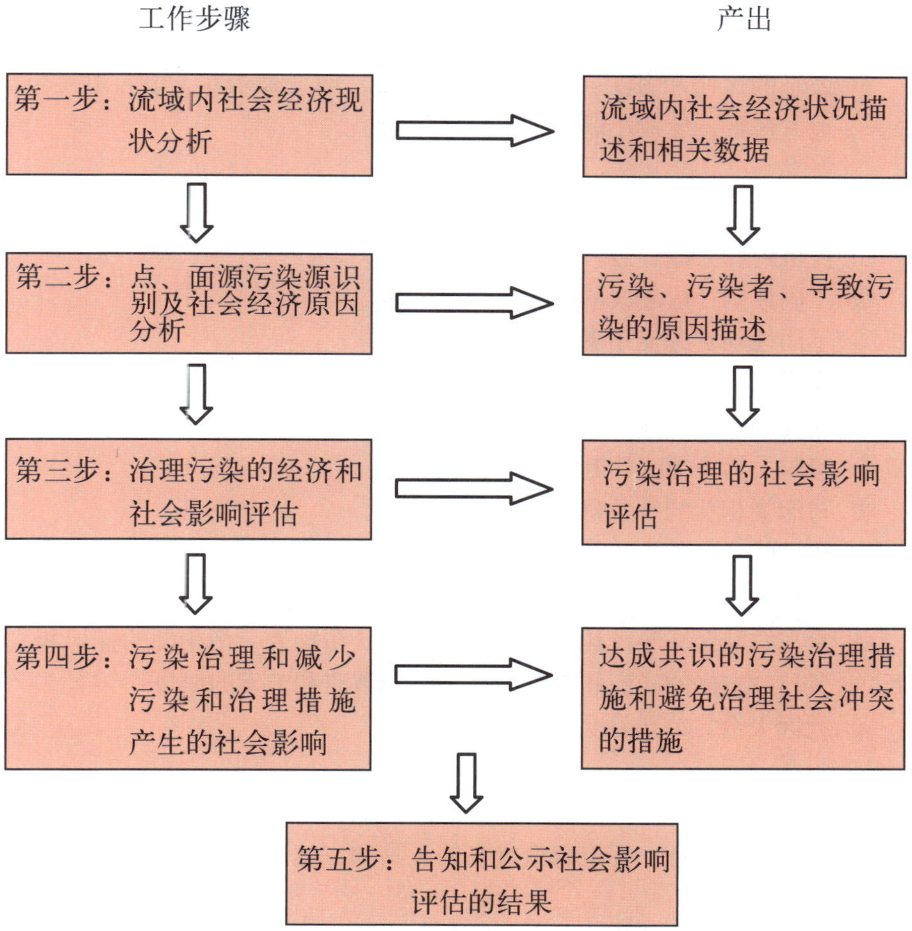

图4-6　太湖流域点、面源污染治理中社会影响评估流程

（4）制定减少污染，避免和降低社会影响和社会风险的对策措施。

① 水污染综合治理项目：和不同的利益群体磋商；制定减少或杜绝污染的战略对策和具体行动措施，并排列优先顺序，作为治理项目公众参与的行动指南；减少、避免治理工程措施；转换现有排放者生计生产模式的补偿措施、转换模式所需的政策、财政和技术支持。

② 工业建设项目：针对工业建设项目可能产生的环境和社会影响，提出防止和避免负面影响的措施，包括污染物处理设施、控制污染影响的措施和内部生产环节和排放的技术保障措施，作为建设项目实施阶段和完工后运转阶段环境污染监督的依据。

③ 控制农业面源污染措施的选择：选择控制排放措施所需的技术、资金、政策支持及农户的经营模式的调整策略。

④ 社会影响评估结果的公示和反馈。

⑤ 公示的内容：污染源的识别情况；产业和企业排放的主要污染物；影响区域；受影响的人口；采取的应对措施；减少农业、养殖业和水产养殖业面源污染的措施；政策的扶持措施等。

⑥ 公示的途径和方法：社区公示和反馈；网上公示并反馈；电视公益公告；地方报纸；发放小册子；张贴宣传画。

（5）社会影响评估中促进性别主流化和公众参与的途径和方法。

① 流域内和太湖周边社区社会经济现状调查；

② 不同性别社区居民的问卷调查；

③ 不同性别资源使用者的参与式小组访谈；

④ 农户或居民的个体访谈；

⑤ 女性居民的访谈；

⑥ 参与式污染原因诊断和问题分析；

⑦ 与污染相关的利益群体分析；

⑧ 选择的建设内容的社会影响识别及打分排序；

⑨ 减少农业和农村面源污染技术措施的打分排序和可行性矩阵分析；

⑩ 参与式社区、小流域和项目点周边的资源踏查、污染源的标记和追溯；

⑪ 多利益主体的磋商和谈判、污染治理策略和方案的制订；

⑫ 社区大会，公示社会影响评估结果。

以上方法详见本书第5章“GPS主流化的操作工具和方法”。太湖流域水污染治理项目GPS的步骤，内容和任务，促进公众参与的工具和方法见表4-4。

表4-4　公众参与建设项目和水污染治理项目社会影响评估的内容、方法框架

参与步骤	具体内容	方法
区域、流域社会经济现状分析	流域内的社会经济整体发展状况分析： （1）人口、人口分布，女性人口、女性劳动力数量，分性别外出打工劳动力数量； （2）流域内的自然资源禀赋（土地、山地、林地、水资源、生物资源、生物多样性等）总面积，可利用面积，退化面积等； （3）近5～10年的GDP，三次产业的GDP所占比重；工业行业的分类、化工、造纸、机械制造、食品加工、电子等； （4）农业产业结构，种植、果树、蔬菜、其他经济作物；养殖业，品种、粪便的排放总量； （5）生产资料：化肥、农药、饲料的使用量； （6）水产养殖业：面积、产量、饵料/饲料	（1）地方社会经济发展年鉴； （2）相关部门的统计数据； （3）统计局、发展改革委员会、农业局、商务局等部门访谈
点源污染和面源污染源的识别和社会经济原因的诊断	与污染相关利益群体的识别和利益取向分析： （1）流域内水资源的主要使用者； （2）导致点源污染和面源污染的社会群体：包括城市、农村、农业、工业、企业、个体、家庭、社区，导致污染和氮磷超排的社会经济原因分析； （3）特定群体的污染物排放及排放量； （4）流域内部污水和生活垃圾的处置方式，达标情况； （5）导致污染物排放的社会经济因素和利益取向分析	方法： （1）社区问卷调查； （2）社区和建设点资源踏查和污染源的绘图； （3）环保局座谈，社区居民小组、女性小组、村干部访谈； （4）分性别居民和农户的个体访谈 工具： （1）问卷； （2）开放式访谈； （3）问题树，诊断污染原因； （4）相关利益群体分析； （5）污染原因的打分排序

续表4-4

参与步骤	具体内容	方法
社会经济和社会影响评估	（1）受到太湖流域水污染影响的社会群体的识别：受到工业建设项目产生的污染影响的社区和社会群体，农村社区，城市社区、社区内部特定的人群，如女性、儿童、学生、老人、贫困人口等，包括受影响的区域面积、社区的数量、受影响的人口的数量，区域分布； （2）受到污染影响的群体的社会经济特征、生计特征分析、当前的生计困境； （3）污染项目实施社会影响的识别和评估：特定群体对污染和污染程度的认知；对饮水质量、健康的影响；对家庭收入、整体生活质量的影响；对影响的程度打分评估	方法： （1）分性别社区的问卷调查； （2）环保局和流域社区，太湖周边社区居民、女性小组访谈； （3）分性别农户，居民的个体访谈； 工具： （1）识别污染和污染治理项目的社会影响； （2）社会影响的打分排序
制定减少污染、避免和降低社会影响和社会风险的对策措施	（1）水污染综合治理项目（和不同的利益群体磋商）：制定减少、杜绝污染的战略对策和具体行动措施，并排列优先顺序，作为治理项目公众参与的行动指南；减少、避免治理工程措施； （2）转换现有排放者生计生产模式的补偿措施；转换模式所需的政策、财政和技术支持等； （3）工业建设项目：防止和避免负面影响的措施，包括污染物处理设施、控制污染影响的措施、内部生产环节和排放的技术保障措施，作为建设项目实施阶段和完工后运转阶段环境污染监督的依据	方法： （1）社区的问卷调查； （2）流域社区、周边社区小组访谈（分性别） 工具： （1）降低氮磷排放措施的打分排序，可行性矩阵分析； （2）降低社会影响措施的打分排序，可行性矩阵分析； （3）污染治理和降低氮磷排放策略的多个利益主体磋商和谈判
社会影响评估结果的公示和反馈	公示的内容： （1）污染源的识别情况，产业、企业排放主要污染物； （2）影响的区域、影响的人口； （3）采取的应对措施	（1）社区大会； （2）社区墙报公示； （3）公共媒体，电视、互联网的公示

4.3 自然资源管理和公共设施建设项目公众参与的步骤和途径

4.3.1 自然资源管理中的公众参与

第27页专栏2–4所列，我国自然资源管理项目包括多种类型，如小流域管理和水土流失治理项目、草地管理项目、天然林保护项目、生物多样性保护项目、湿地保护项目、水源地保护项目等，涉及水、耕地、林地、草地、湿地、沙地、沿海滩涂等各种自然资源。这些自然资源不仅是人类赖以生存的生计资本，同时也是维系生态平衡、保持生物多样性、提供生态服务产品的重要生态资源。

我国是一个人口大国，多数自然资源的人均占有量低于世界平均水平，且资源的区域分布不均衡。加之近30年社会经济的快速发展、人口的增长和人类对农畜产品消费量的不断提高，人类的经济活动导致生态资源的过度开发和利用。长期的过度利用导致资源的严重退化，有的甚至彻底丧失生态功能。过度砍伐导致林地退化或消失，过度放牧导致草地植被的严重退化，不合理的开垦利用导致山地和坡耕地的水土流失，围湖造田导致湖泊和湿地面积的缩小，水资源的过度开采导致局部地区水源的枯竭。严重的生态退化最后导致局部地区干旱、气候异常、灾害性天气频发、北方地区严重的沙尘暴等，严重威胁人类的生存和社会经济的可持续发展。

面对自然资源退化的严峻现实，中央和地方政府加大了自然资源管理和退化资源恢复和保护的力度。自然资源管理和退化治理项目的重要特点见专栏4–1。

专栏4–1：自然资源管理和生态治理项目的特点

（1）在一定的时间期限内或无限期地改变、降低、限制或禁止资源的使用（如禁耕、禁牧、禁伐、禁采、禁渔、禁捕）和利用方式，对社区原有的资源使用者的收入、生计会产生明显的影响。

（2）为了减少和降低自然管理措施对自然使用者的影响，需在社区或流域内寻找替代的收入来源和生计措施。

（3）在自然保护区的核心区限制一切人为活动，要求居住在核心区的社区整体搬迁到核心区以外，建立新的居住点。移民搬迁对农户的日常生活和生计会产生重大的影响。

（4）资源保护项目一般需要建设保护设施，如拦水坝、谷坊坝、泵站、瞭望塔、道路等设施，要占用部分农户的土地，需对他们进行补偿。

这类项目包括不同类型的自然资源，因此也涉及多个利益相关者，如：

（1）相关政府部门和保护区管理局。负责规划管理和保护，是资源管理中社区和资源使用者等公众参与的组织方和邀请方，也是资源使用方式和保护方式的设计方。这些政府部门代表的整体公共利益，如资源的可持续利用，生态的保护和资源生态服务功能的最大化和可持续性。这类部门包括发改委、水保局、水务局、流域管理局、林业局、环保局、土地局、自然保护区管理局等。

（2）和资源使用相关的政府产业部门，如农业局、畜牧局、水产局等。这些部门的主要职能是有效地利用自然资源，提高生产力，提高农户的收入，发展经济。改变自然资源的利用方式，根据保护目标，帮助农户选择并采纳新的资源使用模式，或采取技术替代降低使用资源的强度。

（3）自然资源的使用者。包括资源保护项目区周边的村庄、自然村和居民点，使用资源的农户，男女劳动力，山地、林地、草场和荒地的承包者。农民拥有这些待保护自然资源的使用权，持有土地承包证、承包合同等。他们是自然资源保护中的重要参与者，是谈判和磋商的重要利益相关方，是政府保护部门的主要谈判伙伴。

这类项目强调自然资源使用者在整个生命周期中的系统和制度化的参与。特别是在专栏4–2所示环节的参与。

专栏4–2：社区资源使用者参与的核心环节

（1）选择资源保护的干预措施和强度，如禁牧、限牧，禁伐、限伐，限渔、禁渔等；
（2）分析保护措施对农户资源使用产生的限制，对农户现有生计和收入的负面影响；
（3）项目补偿农户生计影响的具体方式、机制和力度（补偿强度），补偿时间等；
（4）对受到项目建设措施（水坝、道路、泵站等）直接影响的农户的额外补偿措施的磋商；
（5）实施资源管理项目中，社区和农户的其他发展需求和补偿需求。

根据我国不同类型自然资源管理类项目和中澳环境管理伙伴项目涉及的资源管理内容，参照苏州GPS方法培训提出的公众参与框架，提出以下自然资源管理项目中公众参与性别主流化和和社会影响管理的途径（表4–5）。

表4-5 自然资源管理类项目公共参与途径和方法

途径	方法	参与者
项目信息的发布，让村民充分了解项目意图	- 召开涉及资源管理项目的村民大会，宣讲项目 - 在村务公开栏张贴海报 - 发放项目宣传小册子	- 相关政府部门的官员和技术人员 - 村干部、村民、妇女 - 参与项目可行性研究的技术支持单位
资源退化、水土流失等现状的诊断	- 社区资源踏查（图4-7和图4-8） - 村干部、村民代表访谈	- 村干部、村民代表（妇女代表） - 项目设计团队
确定资源退化治理的措施	- 小组访谈 - 村民代表座谈会	- 妇女小组 - 村民小组 - 项目设计团队
分析治理措施对农户资源使用的限制，并讨论替代生计和补偿措施	- 村民代表座谈会 - 在主持协调人帮助下进行就替代生计及补偿进行磋商、谈判、达成共识	- 村民代表（至少包括1/3的女性代表） - 受到直接影响的农户代表 - 项目设计团队 - 磋商谈判主持人
公布项目内容和补偿措施	- 村民大会 - 张榜公布	- 全体村民 - 项目设计团队
项目实施阶段的公众参与	- 项目实施启动动员大会 - 定期组织村民代表就项目进展进行评估 - 项目年度总结会	- 村民代表 - 项目实施方

图4-7 社区土地资源踏查，是诊断流域水土流失原因的参与式方法

图4-8 ACEDP青海碳汇项目植被踏查

第一步：发布资源管理项目信息
方法：村民大会、张贴海报、宣传小册子

⇩

第二步：资源退化现状/原因诊断
方法：（1）与村民的社区资源踏查
（2）村干部和村民代表座谈

⇩

第三步：确定资源管理和退化治理措施
方法：问卷调查、村民的小组访谈、村民代表座谈会

⇩

第四步：分析资源管理对村民生计的影响和替代生计措施
方法：村民座谈会、主持磋商、谈判、达成共识

⇩

第五步：公布项目措施和补偿措施
方法：村民大会、张榜公布

⇩

第六步：项目实施中的公众参与
方法：社区动员、村民参加定期检查、年度总结会

图4–9　自然资源管理项目的公共参与、性别主流化流程图

图4–10至图4–13介绍了中澳环境发展伙伴项目不同子项目设计和实施中促进公众参与的项目活动采用的方法，包括农户访谈、社会冲突管理和生计转换磋商及现场勘察等。

图4–10　ACEDP漓江水健康管理项目专家在做渔民的访谈

图4–11　关注贫困人口的生计可以避免自然资源管理项目的社会冲突

图4-12 通过访谈了解渔民的生计是帮助他们转换资源利用方式的重要途径

图4-13 现场勘查太湖流域网箱养鱼对水质的影响

4.3.2 公共基础设施建设项目

如前所述，公共设施建设项目包括水库建设、小型水电站和大型水力发电项目、公路（高速公路）建设项目、铁路建设项目、输电线路和变电设施、垃圾填埋场、垃圾焚烧场、污水处理厂、城市自来水厂、垃圾回收站和储运场、海水淡化工程、南水北调工程、天然气管道、港口建设、国防军事设施建设等。这些项目属于公共基础设施建设项目，涉及国计民生，与国家和地方的经济建设、交通能源、环保和资源利用密切相关，具有重要的公共服务功能，受益面宽，区域广，超出小流域、流域乃至跨行政区域。对于项目建设地来讲，影响是局部的，但其功能和效益具有外部性特点。

这类项目具有以下特征：

（1）一般规模较大，涉及的地域广，牵扯的人口多；

（2）需占周边用社区的土地和空间资源，因而限制社区的资源使用，需社区和农户的搬迁，处理不好，非常容易产生社会矛盾和冲突；

（3）可能对生态系统和生态环境造成压力和影响；

正因为如此，公共设施建设项目必须要与项目建设地的社区、农户和其他受到项目干预措施直接影响的利益攸关者进行：

系统告知、充分沟通、磋商谈判、达成共识

而这样做的主要目的是通过磋商谈判，保护资源使用权让渡者的利益，减小或避免社会冲突，实现资源让渡方和大型公共设施建设的双赢目标（表4-6）。

表4–6　公共基础设施建设项目中的公众参与和性别主流化途径和方法

途径	方法	参与者
建设点的选择	✓ 参与式踏查 ✓ 座谈会、村民访谈 ✓ 绘制社区资源图和工程占用资源图	✓ 设计单位 ✓ 社区代表 ✓ 村干部
社会影响和环境影响评估	✓ 村民代表座谈会 ✓ 社会和环境影响打分排序	✓ 设计单位 ✓ 社区代表（至少1/3女性代表） ✓ 村干部
补偿措施和后续替代生计策略的制定	✓ 补偿措施磋商谈判会 ✓ 征地影响的农户的单独谈判磋商	✓ 项目设计和实施方 ✓ 村民代表 ✓ 直接受到影响的农户
公布社评、环评结果和生计补偿措施	✓ 村民大会 ✓ 张榜公布 ✓ 网上公布 ✓ 投诉电话	✓ 全体村民（男性、女性） ✓ 村干部 ✓ 媒体
组织实施和监督评价	✓ 参与式监测评价 ✓ 定期现场检查监督	✓ 项目实施机构 ✓ 村民代表 ✓ 村干部

为方便方法培训和从事自然资源管理的基层管理、技术人员系统理解实现操作步骤及方法，根据表4–6，归纳出公共基础设施类项目公众参与和性别主流化流程图（图4–14）。

第一步：项目建设地点的选择
方法：与村民代表现场踏查，座谈会

⇩

第二步：建设项目的社会影响和环境影响评估
方法：村干部和村民代表座谈，社会影响，环境影响打分

⇩

第三步：确定补偿措施和替代生计策略
方法：村民的小组访谈、村民代表座谈会，磋商、谈判、达成共识

⇩

第四步：公布环评、社评结果，补偿和替代生计策略
方法：村民大会、张榜、听证会、意见箱，网络公告等

⇩

第五步：实施中的参与
方法：定期组织社区代表现场监督；参与式评估

图4－14　公共基础设施类项目的公众参与和性别主流化流程图

4.4　保证性别平等、公众参与和社会影响评估的监测指标

在流域、小流域和社区层面开展环保项目、污染治理项目、自然资源管理项目的性别平等、公众参与和社会影响评估和管理，需要一套系统的操作程序和方法。同时，为了保证参与的质量和效果，特定的利益相关者在项目实施中的参与和受益，需要一套保证参与和受益的指标。根据我国现有自然资源管理和环境管理项目的类型和涉及的利益相关者，提出以下GPS的参与及参与效果的保证和监测指标。

专栏4－3：保证资源管理和环境管理、大型公共基础设施建设项目公众参与的指标

（1）规划设计阶段的参与

①小流域中参与项目设计和磋商谈判的村庄数量，占所有村庄的百分比（%）；
②一般农村居民在社会影响评估中的参与率（%）；
③受到项目措施直接影响农户在磋商和谈判中的参与率（%）；
④女性在项目措施选择和社会影响评估中的参与率（%）；
⑤贫困农户在项目选择中的参与率（%）；
⑥ 社区居民对项目目标和措施的知晓率，对项目社评结果的知晓率（%）。

（2）项目实施中的参与和受益

①受到直接影响的农户直接参与项目实施的参与率（%）；

②受到直接影响的农户的受益率（%）；

③女性群体或女性劳动力在项目中的参与率（%）和直接受益率（%）；

④贫困农户、少数民族人口在项目实施中的参与率（%）和受益率（%）；

⑤一般社区居民对资源管理项目实施效果的满意度（%）。

4.5 澳大利亚环境保护和自然资源管理项目的GPS经验

GPS项目作为中澳合作项目，澳方技术咨询公司和澳方专家在设计公众参与框架、提出公众参与模式方面发挥了重要的作用。对于参与GPS项目的国内几个部委来说，资源管理中公众的制度化参与还是一个新生事物。因此，在GPS实施框架中，设计了两个澳大利亚公众参与机制考察，并在GPS方法培训中系统介绍澳大利亚的公众参与经验。

2009年和2010年，中国四部委项目合作部门的项目官员分两批到澳大利亚的维多利亚州和新南威尔士州访问了澳大利亚联邦和州的政府主管部门，参观了有关水资源管理项目（图4–15和图4–16）。2010年7月，在苏州举办的GPS方法培训中，澳大利亚专家专门介绍了澳大利亚公众参与的程序和经验。本节主要介绍澳大利亚不同类型的自然资源管理项目的公众参与途径和效果。

图4–15　中方官员在澳大利亚考察灌区管理设施

图4–16　中方伙伴机构人员观摩澳大利亚流域管理模型

4.5.1 澳大利亚公众参与的一般程序

如前所述，GPS是社会性别平等、公众参与和社会影响管理三个词的英文缩写。澳大利亚在公共资源管理和公共投资项目的实践中，结合澳大利亚国情探索了一套促进社区和公众参与的一般程序(public participation continum)。GPS方法可以看做是在环保和自然资源管理的设计、实施和影响监测中运用的一个技术包，它起始于使目标群体知情，继之以对需要承诺的社区进行赋权，直到社区能坚持实现所希望的结果。

这个技术由五个行动阶段组成：

（1）**告知阶段。**社区知情的方式包括已经准备好的描述事实的传单、出版物以及相关的报告，还包括互联网、公共展览、媒体传播和官方公告等。告知阶段的一个结果是能够清楚地知道哪些是可以磋商的、哪些是不可以磋商的。

（2）**咨询阶段。**当我们对公众进行咨询的时候，我们希望得到他们的反馈，可以采用小组访谈、实地调研、公众会议、建立必要数据库等方式，以便作出基于实际问题和现状的决策和政策设计。

（3）**参与阶段。**通过研讨会、投票表决，建立针对社区的倾听渠道，最终社区各群体可以采用正式的书面或口头的形式表达他们对目标项目的支持。

（4）**合作阶段。**目标人群的GPS合作中，要组建多个市民顾问小组对关键问题进行深入的分析，对核心的利益相关者以及脆弱群体要组织单独的小组会议进行磋商和认同，这个阶段的目标是确保最终决策是通过参与式的方式达成的，因此，当地相关的所有权拥有者将会支持这个项目。

（5）**赋权阶段。**许多时候人们会误用或滥用“赋权”这个词，但是在GPS技术包里，相关社区必须通过特别实用的方式得到赋权。社区可以成立公民评判委员会来代表社区进行决策，采取投票方式让人们支持他们各自的偏好。社区得到的赋权包括：更新关键数据库，更新现象描述、更新进展以及影响的指标数据；就一些关键问题进行决策、管理和政策实施行为，比如土地保护和水用户小组进行杂草控制、管理水的抽出和排放许可，直接收取用户费用并进行记录，推动地方工作小组的工作，以及其他许多与环保和自然资源管理相关的基于社区的活动。

上述GPS技术包的作法中，目标是促进公众参与、控制社会影响，实际的做法中都要从识别不同群体、运用性别意识方法、实施赋权等开始。

中国和澳大利亚在使用自然资源的制度和文化背景方面存在明显的差别。在澳大利亚，政府没有集权地位，其权力范围被私有化的市场所制约，土地和水方面也是以私人所有权为主。这方面的例外仅包括在低岸线上方海滨带以及属土著民的保护地，在此以外的所有流域管理、河盆地管理以及环境保护政策都要基于资源私有者的许可。

4.5.2 澳大利亚的GPS框架

GPS表达了社会可持续发展的核心框架。在自然资源管理和环境保护中，有关性别意识主流化、公众参与和社会影响评估的核心问题表达如表4-7所示。

表4–7　自然资源管理和环境保护中的关键问题

性别分析	参与式社区管理	社会政策和社会发展
城镇： – 谁付水费？ – 谁污染？ – 谁受损害？ – 谁用水？ – 谁负责水质监测？ – 谁促进水的循环使用？ – 这些方面的性别指标 乡村： – 谁拥有水权？ – 谁能进行水权的交易？ – 其他指标与城区相同	（1）问题分析 – 目的是什么？ – 可能的贡献是什么？ – 效果指标是什么？ （2）利益相关群体分析 – 目的是什么？ – 可能的贡献是什么？ – 利益相关群体的用水方式 – 效果指标是什么？ （3）社区行动规划 （4）制定目标 （5）进展监测 在（3）～（5）中使用与（2）同样的指标	– 健康方面的问题 – 就业方面的意义 – 福利方面的意义 – 利益相关群体咨询 – 信息发布与传播 – 贫困 – 脆弱群体 – 社会发展指标 – 社区的自然资源管理 – 管理供给 – 管理需求

从性别角度来看，就是在所有问题上都要区分不同性别所受的影响，有利和不利的方面都要有能进行性别区分的指标。在参与方面，通常要关注公众参与、社区承诺在各个问题中深入程度，同时要注意，在这些过程中，女性都是重要的参与者，并在决策中发挥显著作用并施加影响。

社区承诺很重要，通过公众和利益相关群体的参与目标制定、优先序、治理以及收入提高的目标更容易达到。公众参与能够丰富信息，减少部门或个体对利益的不公平偏好。

在社会政策方面，我们发现对于健康、就业、福利等方面，仅仅加强供给的效果并不好。在水管理方面，中国一直致力于水的供给问题但是对于水需求的管理并没有足够的重视，而需求管理不能脱离公众的参与。实践经验说明，需求管理不仅是出台规定或者相关法律，这样不能解决问题，而是要借助市场和经济杠杆来调控个体利益，特别是水价、水费以及排污费、提水费（从水体包括地下水中抽水）。

下面用ACEDP资助的密云水库流域示范项目来说明表4–7的分析方法。密云水库补偿示范项目不仅要保护重要饮水源，而且还要进行可持续土地利用方式转变。土地利用方式的转变包括退耕还林、封山禁牧、舍饲养殖、公共林地管理。为了保护水源，关闭排污企业并禁止水库网箱养殖。所有的高强度利用水的方式都被禁止，污染敏感区的农户都搬迁，同时建设水重复利用系统以及生态节水方式。

在社区参与中发现，人们认为的补偿方式不足以解决生存问题，不公平也没有明确的目标。社会影响评估发现，经济性制约以及经济机会不平等带来很多的社会影响。但是首先要是搞清楚“谁该负担这些补偿？”从公平的角度来看，密云水库的水用户是否应该保护整个密云流域并为上游的城乡用水者补偿他们所失去的经济机会？很多措施可以用来应对这些问题，GPS就是这些应对措施的核心理念。

每一个ACEDP项目，都有各自的GPS核心问题，表4-7所示是一套可操作的分析方法。通过这样的方法，反复使用后会发现，将GPS贯穿于每个项目是达到基于科学证据来决策自然资源管理（NRM）和环境保护（EP）的关键步骤。

4.5.3 GPS框架下的决策需要科学依据

澳大利亚逐步认识到，基于一般的意见或随意的政策来为公共问题开处方不会给民众带来好处，同时也认识到任何基于科学依据的决策都要得到政府权威的支持。基于科学依据的决策其实是一种文化的改变，它需要研究者、管理机构和政策制定者共同来支持和推动社区承诺，这个过程必须有组织、领导和参与。在澳大利亚，对于农场主和企业家来说，基本没有什么经济动力来控制面源污染。另外，在乡村人口密度很低，80%的农业用地归私人所有，政府出台的规章和环境监测面临很多的问题并且成本很高。在这种情况下，自觉和自愿地参与评价、监测和管理农业的面源污染具有很大的实践意义。需要人们关注的是如何能够鼓励自愿和自觉的行为，同时又要保证他们在基于科学的基础上来行动，这需要数据分析和负责任且透明的政府安排。

基于科学依据的政策对于启发社区对水问题的关注范围十分关键，同时这些问题正是澳大利亚下一代人将要面临的。IFPRI水资源小组在2003年对全球水供给和需求在2000—2030年的趋势做了报告，数据表明，即使在相关规划与投入能够保证的情况下，水量供给能够保持增长的情况下，未来30年中还会有60%的缺口。这类数据的准确性十分重要，所有的利益相关群体都依靠可靠的水供求资料数据。在澳大利亚，公共水设施和水供给规划以及水需求管理都要得到社区的支持，必须以相关数据以及全国未来水资源变化情况为决策依据。社区需要的决策依据包括技术方面的，公众对规划在何种程度上能平衡水需求和供给的信心，决定于GPS相关问题如何讨论和沟通。

4.5.4 澳大利亚水资源保护和管理中的GPS

在水政策、水资源管理和相关的环保项目中，对于那些负有相关责任的组织、机构和部门来说，社区参与和社区承诺是公认最有效和最智慧的方式。澳大利亚是一个独特的国家，在相当大的程度上，这个领域的许多机构是“半政府的”，因为他们具有权威性，但与地方政府是分开且合作的关系，他们更多的是对公众负责，同时直接向州或者联邦政府负责。此外，他们本身也不像中国存在的大量研究机构，澳大利亚的这类机构由委员会管理着，这些委员会的成员都是来自民间的技术人士，委员会主席是私人身份，不受政府管辖。这个委员会是由公众选出来的，从那些对此事感兴趣并具有专业能力的公民中选出来。委员会主席认命由与环境和资源与水相关的部长完成，但他只能是在接到委员会呈递的选举结果以后才能实施认命。在澳大利亚部分的州里，目前人们都会尽力做到委员会成员半数为女性。

在澳大利亚，人们把这些半政府的具有执法作用的机构和组织称为环境、资源和水政策的“权威机构”，例如，在地方层面上的“流域管理权威”以及国家层面的“墨累河盆地权威”或者在墨尔本市和墨尔本流域负责水问题的“墨尔本水”。基于技术的管理委员会就是权威机构，这些机构的报告和管理机制是执行GPS理念的重要内容。

图4–17　澳方专家在讲解GPS框架

在社区与那些负责水资源政策和管理的权威机构之间，执行GPS的优先序表现为各种不同的方式。有时，社区的参与是通过私人提供咨询和专家投入来实现；有时，这些权威机构会通过他们自己的专业人员对目标群体进行入户访谈，对水用户进行调查并宣传有关新规定和政策。这项内容已经如此重要，以至于在澳大利亚没有一个相关机构不常备这种入户调查专业队伍、负责沟通的职位或部门。在过去的几十年中，国内大部分的水权威机构（如前所述的）使用他们的入户、让社区参与的能力，通过商业广告和媒体完成公益宣传，让公众对于水政策、节水战略等有所了解并受到教育。

在一个更官方的场面上，官方的机构像维多利亚基本服务委员会，会定期举办听证会并从私人或群体方面质询对于饮用水价、农用中水水价、设施使用方法（如排水沟）等重要政策的意见，确保来自城市社区的权威组织能够在这些方面发挥他们的权威。在澳大利亚社区咨询非常重要，用来决策很多问题，如主要水设施包括饮水管线、中水处理工厂、脱盐厂、灌溉渠以及排泄城市暴雨水的湿地等设施的位置选择问题。这样做的目的就是追求社会和谐，尽量取得人们的一致认同，当然，实际上任何时候对任何事都会有人表现各种程度的不满。有时候补偿是必需的，例如，由于建立用水设施，一些人的财产受到损害，或有人的财产价格受到影响。

4.5.5　澳大利亚经验对中国的借鉴

澳大利亚运用GPS方面具有以下特点：

（1）不断探索管理随着城市地区的扩展出现的发展问题的方法；

（2）在制度设计方面，创新性地推动当地社区在开发和使用自然资源过程中认识和采用环境保护的方法；

（3）通过信任和激励个体部分投入管理活动，动员了大量社会力量（包括志愿行为、社会团体等），对政府行为起到补充作用。

在环境保护和自然资源管理方面，澳大利亚政府创造了鼓励公众参与的良好氛围，实践说明，社区和个人参与环境保护是治理面源污染的有力途径，并且也是保障治理效果可持续下去的唯一方法。对于中国来说可以从澳大利亚运用GPS中借鉴的主要经验包括：

（1）要搞清楚谁做什么。无论是从社区角度还是从个体层次来看，与自然资源相关的活动主要是农业生产活动，并且这些活动往往能反映性别分工，这些行为和活动的主体就是我们项目的目标群体和主要利益相关群体。项目决策对于利益相关群体要透明、公平，这样才可能达到良好的治理效果并提高民众素质。

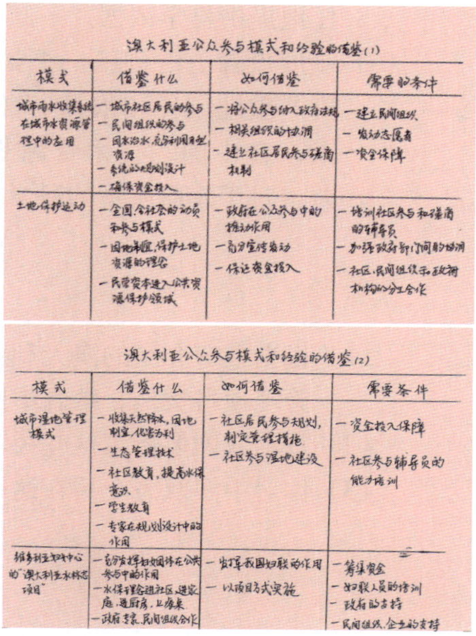

图4－18　来自政府部门学员提出借鉴澳大利亚模式的建议

（2）女性的参与起到重要作用。无论是土保活动还是一般社会活动，澳大利亚社会中，女性的参与是重要的内容，在运用和发挥群体和个体权利的方面，她们知道如何利用女性的特点来满足社会的需要。在143页案例7.2.4中，维多利亚州女性信托中心承担一个无论是从科学方法角度还是从社会实践应用层面都十分困难的课题：确定水位标志！结果是她们通过独特的方法，不仅影响了身边的男性，而且所探讨的结果修改了大学的教材，写入了地方法律文件。显然，这是一项非女性无法完成的工作。对于中国目前来说，农村男劳力外出务工逐渐成为主业，耕作、养殖、灌溉等都落在女性肩上，女性在农户和社区层面的作用更加重要。中国女性在社区或更高层次、更广阔的领域如果能够发挥她们的创造性，也必然会起到同样的重要作用。

（3）参与式方法必能带来“增值效应”。在澳大利亚，公众参与的主要形式是社区承诺式的参与，事实表明，公众参与能够为自然资源管理和环境保护项目增加附加值。这是因为，当社区能够采取行动或者其成员可以担负一些项目活动的责任时，公平和参与会减少不同群体之间的利益或看法之间的矛盾与冲突，为环保和自然资源管理项目带来更好的结果。

（4）环保和自然资源管理中供给和需求方面社会问题的管理。通常人们在就业、健康等方面会同时考虑供给和需求两方面的管理，因为经验早已让人们知道，仅仅管理供给方面是不现实的。但是在中国，水资源方面人们更多地还是注重供给方面，而一定程度上忽视了对需求的控制和管理，尤其是还没有充分利用市场手段。例如，核定自然资源的价格、确定污染水资源的惩罚标准、抽取水资源的费用等，这些方面，澳大利亚能提供很多的经验。

(5) 科学的决策依据能够促进社区在项目中的参与。有关环保和自然资源管理的项目，需要社区的大量投入，这就需要研究者、管理者和决策者能够很好地合作。一项能够持续吸引人们投入的项目，必须建立在经得起时间挑战的科学依据上，这一点在前面已经谈到了。对于中国来说，人们在采用GPS模式时不应该忘记，公众的参与不仅不会削弱技术部门的职能反而更需要他们负责任地提供科学依据。

(6) 制度设置上的创新。正如前面所讲的，澳大利亚环保和自然资源管理中，政府严重地信任和依赖半官方的委员会，这样可以使行政和技术更好地结合起来。在中国，技术资源集中于政府部门和事业单位，但是它们的独立性较差，对于政府决策的科学支撑不足。

思考题

(1) 根据本节介绍的澳大利亚的公众参与案例和130页7.2节介绍的澳大利亚资源管理项目案例，结合中国国情，你认为哪些澳方经验和做法值得借鉴？

(2) 目前我国要借鉴这些经验，存在哪些制约？需要哪些条件？你有哪些建议？

(3) 你对中澳双方今后在这个领域的合作有哪些具体建议？

5 GPS主流化的操作工具和方法

有效的工具和方法是促进公众参与的前提。本书的第2章和第3章主要介绍了公众参与的概念、必要性以及自然资源管理、环保项目和大型公共设施建设项目生命周期中公众参与和性别主流化的途径和步骤。特别是第3章介绍的公众参与途径中，已经多次谈及促进公众参与和性别主流化的工具。本单元培训主要介绍和展示促进公众参与、性别主流化和社会影响管理中的工具和方法，包括社区的公众问卷调查和参与式农村评估(Participatory Rural Appraisal-PRA) 工具箱中的部分工具和方法。 这些公众参与的工具和方法是公众参与方法培训的重点内容，同时也是从事自然资源管理和环保项目设计工作的技术人员应该掌握的方法。

5.1 方法培训概述

国内外资源管理项目的实践表明，公众参与需要专业化的设计规划、精心的组织、熟练而有效的过程辅导。对于资源管理的磋商和谈判来讲，需要直接的专业化、中立的支持和协调。因此，公众参与的促进和协调需要一个高素质的专业化队伍来完成。方法培训是能力建设的重要途径，是有效开展公众参与、性别主流化和社会影响管理、协调缓解资源管理中出现的社会矛盾和冲突的重要前提。

1. 方法培训的主要对象

根据我国现有自然资源管理项目的类别，以下机构参与项目设计和实施管理的人员是公众参与式方法培训的主要对象（专栏5–1）。

专栏5–1：公众参与方法培训的主要对象

（1）发改委资源管理及公共投资项目管理处室的项目官员；
（2）地方环保局负责项目设计和实施的相关处室和直属事业单位承担环评和社会评估的人员；
（3）水务局、水保局的相关处室项目官员；
（4）林业局保护处和自然保护区管理局的项目官员；
（5）湿地自然保护区管理局的项目官员；
（6）农业局/畜牧局的技术人员或项目官员；
（7）地方环保民间组织人员。

2. 培训的实施模式

在流域、小流域层次实施资源管理中的公众参与，基层需要相当数量的熟练掌握参与式工具和方法的参与协助者，直接一步到位的培训，需要大批的师资，因此，需要采用“培训培训者”（training of trainers）的模式实施培训（专栏5–2）。

专栏5–2：公众参与 “培训培训者”方法培训模式

（1）各部委聘请公众参与培训专家培训省级部门的人员；
（2）省级接受培训的人员，培训县级、流域层次的项目官员；
（3）县级接受培训的人员培训直接参与自然资源管理项目设计的乡镇级技术人员；
（4）县级人员对基层人员实施项目设计中的公众参与、磋商、谈判进行现场流动指导和监督，保证公众参与和磋商谈判的效果。

3. 促进公众参与的方法培训目标

（1）使学员接受并掌握资源管理中公众参与的理念，掌握相关的概念和理论，认识到公众参与的必要性；

（2）改变项目设计中传统的“居高临下”、“单向沟通”、“越俎代庖”的理念和态度；

（3）比较熟练地掌握促进和协助公众参与的重点工具和方法，能在实际项目设计中熟练操作和使用。

4. 培训方法

（1）教师的课堂讲解；

（2）课堂案例分析，结合资源管理项目内容，进行案例分析；

（3）小组讨论，练习协助公众参与的方法和工具（图5-1）；

（4）小组实地练习，到周边的社区进行公众参与方法的实地练习，学员在实习中模拟小组主持人、谈判磋商协调人角色；

（5）课堂总结交流和巩固。

图5-1　学员分组对于讲解内容进行讨论

5. 参与式方法需要遵循的原则

方法培训和实地公众参与主持和协调中，必须遵循如下原则：

（1）重视乡土知识（当地人对自然资源的理解）和传统技术；

（2）重视民众的意愿和需求；

（3）重视相关利益群体之间沟通和相互的利益认可；

（4）重视发展措施对于当地民众生计的影响。

6. 培训的主要参与式方法和工具

适合在资源管理、环境保护、污染治理项目中应用的方法见专栏5-3。

专栏5-3：公众参与、性别主流化、社会影响管理、冲突管理中常用的工具和方法

(1) 社区问卷；
(2) 访谈类工具，通过个人和家庭会面、召开小组讨论会或召开社区会议等方式，就与项目相关的问题展开讨论；
(3) 使用各种绘图工具，包括绘制个人、社区和机构图等方式，辅助各种讨论，以便让文化层次较低的农村群众参与到项目中去；
(4) 排序类工具，对问题、喜好和财富进行排序；
(5) 分析类工具，包括问题树、SWOT分析、H分析等；
(6) 会议类，社区研讨会、公示会等；
(7) 趋势分析图表，一般采用历史图表、季节历法、日常活动表等工具分析有关社会经济特征及其变动趋势。

5.2 社区问卷

1. 问卷调查的概念

问卷调查，是一种常用的社会公共调查方法。是通过书面问卷的方式，了解公众对社会公共事务意见、看法和表达诉求的一种社会参与方式。问卷调查可以用来了解：

- 公众对社会、经济、环境和污染治理、公共福利、公共政策、公共投资和公共基础设施建设项目的意见和建议；
- 特定社会群体反映社会公共问题，表达利益诉求；
- 了解公众对公共政策实施效果和实施过程的评价意见；
- 公众对特定社会热点问题的认知程度。

问卷调查可以作为流域污染治理、工业建设项目的社会影响评价和环境影响评价中促进公众参与的有效方法，可以应用在整个项目的生命周期中。与其他的公众参与方法相比，问卷调查具有对象涵盖面宽、参与面广、人力和经费投入少的特点。

2. 流域污染项目问卷调查的设计和准备

问卷调查是一种书面调查方法，获得的调查结果的准确性、针对性不受调查执行者的直接控制。因此，为保证调查的结果和被调查人意见表达的准确性，必须对问卷调查做系统的设计和准备。设计和准备包括如下步骤。

1）调查对象的选择和抽样

(1) 区域代表性和抽样代表性及保证代表性的指标和标准；

（2）区域的选择：流域的选择、小流域的选择、社区的选择；
（3）调查对象的选择：社区内部不同利益群体的选择，女性、脆弱群体的选择；城市社区调查对象的选择；其他对象，政府， 消费者，企业人员，研究人员，学生。

2）调查内容的确定

（1）面源污染现状和污染原因的认知；
（2）面源污染相关的利益主体；
（3）污染对居民产生的影响；
（4）公众关注的污染治理措施；
（5）降低农业和城市污水面源污染的措施的评价；
（6）污染治理措施的社会影响；
（7）污染治理中的生计补偿诉求；
（8）相关政策建议。

3）公众调查问卷的设计步骤

（1）调查对象和区域的基本信息；
（2）问题的提出；
（3）备选答案的设计；
（4）重要性、严重程度的刻度设计。

4）实施问卷调查

（1）环保局，太湖流域管理局直接调查；
（2）委托乡镇有关人员发放并回收问卷；
（3）委托村委会成员，村会计发放问卷。

5）问卷调查结果的统计分析和调查报告的撰写

（1）问卷结果的统计汇总；
（2）根据主要问题的答案结果，得出相应的结论；
（3）撰写调查报告；
（4）呈交有关政府决策机构，作为太湖治理项目设计和措施选择的依据；
（5）通过公共媒体公布问卷调查结果，提高公众对污染问题的认知程度。

案例： 无锡市面源污染公众调查问卷

1．被调查人信息	姓名：	性别：	年龄：
2．区域信息	区（县）：	乡镇：	村（社区）：

3．调查内容

调查内容/问题	备选答案	重要（严重）程度的打分排序				
		1	2	3	4	5
您认为下列哪些原因是导致太湖水污染的主要原因	（ ）化肥施用 （ ）畜牧养殖 （ ）农村污水/垃圾排放 （ ）城市垃圾污水/垃圾排放 （ ）工业污染排放					
您认为下列哪些主体是面源污染相关的利益主体	（ ）农户/农村社区 （ ）城市社区和居民 （ ）政府机构 （ ）科研机构 （ ）民间机构 （ ）相关企业					
污染对居民产生的影响	（ ）健康 （ ）整体生活环境和质量 （ ）导致贫困 （ ）社区社会发展					
公众关注的污染治理措施	（ ）改变种植模式 （ ）减少化肥施用 （ ）压缩分散养殖 （ ）粪便的处理 （ ）生活垃圾的收集和处理					
污染治理措施的社会影响	（ ）放弃原有产业 （ ）影响收入 （ ）转换生计的困难					
污染治理中的需求	（ ）生计转换中的资金支持 （ ）配方施肥技术培训 （ ）家畜粪便沼气转换 （ ）改善灌溉设施					
相关政策建议	（ ）流域生态补偿 （ ）水权的界定和水权交易					

5.3 半结构访谈

半结构访谈是进行PRA的基本方法。这种访谈可以在一般个人、主要知情者和群体之间展开。访谈的提纲或形式应根据所调查问题的不同而有所不同。通过这种方式可以发现他们对一般的或敏感性问题的独特见解，还有可能收集一些一般公众访谈得不到的信息。这种访谈要想取得成功，必须要让被访者坚信他所提供的信息将会被认真对待，这取决于他对访谈者的熟悉程度和信任情况。

这里需要特别强调的是，女性需要进行单独的访谈或者组成女性小组在适宜的场所进行小组访谈。

半结构访谈所得到的信息是问卷或者其他结构式调查所不能替代的。“结构”这里就是指关注的要点，只有使被访人对谈话的关注点有了决策权的情况下，才能实现半结构访谈。半结构访谈是使用以下画图、排序和分析等工具的基础。

半结构访谈根据事先设计好的访谈提纲（而不是事先设计好选择答案的问卷），以开放、互动、非正式、讨论式进行采访。座谈中，详细记录访谈的结果和内容，以便与小组内其他入户访谈、与采用其他方法调查的人员的结果进行分析比较。半结构访谈以访谈对象为主体。采访的一般程式，从提出问题即起因开始，要回答以下几个问题：谁、何时、何地、过程、结果和影响。

1. 访谈的目的

（1）了解采访对象基本情况：家庭情况，生计状况；

（2）通过信息交流和互动沟通，采访对象对自身现状的认知过程，也是外来人员认识采访对象的过程，相互学习的过程；

（3）设计人员了解发展需求，帮助决策的过程。

2. 访谈工具的特点

（1）形式简单，便于操作，因此它是参与式农村评估中最常用的方法。

（2）采纳的辅助工具简单：个体访谈用本、笔；小组访谈可以采用研讨会方式，使用大纸、记号笔。

（3）一对一的沟通，参与效率高。

（4）一人主持，多人参与，调查的效率高。

访谈类工具的应用见图5-2。

图5-2　入村实习中学员对村民进行半结构小组访谈

3. 访谈注意要点

（1）平易的态度，不要居高临下；
（2）开放式提问，引导采访对象讲出问题和建议；
（3）注意倾听，不要以采访者为主体；
（4）被采访者顺藤摸瓜，在座谈中判断，提出新的问题；
（5）不要刻意地诱导，不要诱导被采访者说出采访者希望得到的信息和答案；
（6）避免使用专业语言，采访语言的本土化；
（7）访谈与其他工具的交叉使用：绘图、填表等；
（8）采访中的观察和座谈相结合。

4. 访谈提纲设计的示例：太湖水污染治理社会影响的农户访谈

提纲内容根据项目设计的重点内容而定，农户访谈提纲一般包括：
（1）农户基本情况：包括人口、劳力、土地、牲畜、家庭收入、生计活动；
（2）对太湖水污染或社区内环境污染的认知，污染原因分析，可借助问题树方法；
（3）太湖污染治理措施的建议和措施的排序；
（4）治理措施对农户收入影响，治理对资源使用的限制；
（5）工业建设项目对农户的影响；
（6）对现有太湖流域污染治理项目效果和实施情况的评价；
（7）对现有治理措施和相关政策的评价。

5.4 绘图类工具

绘图类工具是借助绘图方式促进社区参与和公众参与的常用方法。常用于项目设计阶段的基线调查、项目的社会影响分析和资源禀赋分析。对于水污染项目，绘图类工具可以用来诊断小流域、社区及社区周边的污染源、污染源分布、水土流失情况、入湖污染物的追溯等。绘图也可以用来分析农户的生产活动和社会经济特征。

1. 绘图类工具的特点

（1）利用纸、笔、展示板等工具，直观表达，形象生动，有助于激励社区不同类型的农户和个体的参与；
（2）操作简单、灵活，但可以系统、直观表述复杂的调查内容；
（3）信息含量丰富；
（4）结果可以直接纳入设计报告作为后续监测评价的本地数据。

2. 社区资源踏查和社区资源图

1）目的

在项目的设计阶段——基线调查中应用。目的是了解社区资源利用现状，诊断社区资源利用中存在的问题，寻找发展的资源潜力，确定资源的合理利用方案。对于流域污染治理项目，可以用来诊断面源污染的区域、小流域。在社区内，也可以用来诊断垃圾、生活污水的排放点和排污流向，也可以用来描绘流域内受到污染影响的社区和农户的位置及分布。对于自然资源管理项目和公共基础设施项目，踏查的主要目的是现场核实项目地点、位置、需占用的资源数量，设计到多少户的土地使用权等。

图5-3　社区土地利用现状踏查

图5-4　学员在整理入村实习成果

2）步骤和方法

（1）组建社区踏查小组：邀请比较知情的2～3个村民或村干部组成联合踏查小组。

（2）选择踏查路径/断面：一般根据污染源走向、流域走向、社区地势等选择踏查断面和路径。

（3）社区污染源和社区资源禀赋的联合踏查：踏查中注意结合考察的重点问题（如水污染、水土流失等），进行现场观测，点、面的记录，提出问题，现场讨论，并标注可能的治理措施和治理地点。

（4）社区资源图、水污染平面图和断面图的绘制。

◇ 资源/污染源分布图：绘制轮廓，标示道路、渠道、主要基础设施，用植被和作物示意图标示现有土地利用类型。特别关注：水的污染源，流动走向要用红色标记出来，居住社区的垃圾点、生活污水排放点、使用化肥较集中的蔬菜大棚、畜牧养殖点等也应特别标注。容易受到污染影响的社区设施，如学校，水井、饮水点、卫生所、村委会均应标注清楚。标注图例、方位、绘图人、绘图日期。

◇ 断面图的绘制：断面的选择，踏查，记录，绘制断面图；地貌特征分类（平地、坡地、山地），植被描述，土壤特征，土壤肥力，灌溉条件。水土流失点、河流流向等与污染物传递相关的设施应作特别标注。

◇ 需要特别强调的是，经验表明，女性能够用资源图的方式来表达她们生活环境中的资源、问题和潜力，因此绘图工具要鼓励社区女性参与。

第一步：组建社区资源踏查小组
参与者：村民代表，村干部

⇩

第二步：选择踏查路径和断面
场所：实施项目的地块，区域

⇩

第三步：进行社区踏查
内容：诊断现有土地资源的水土流失、污染情况，可能的项目措施，涉及农户

⇩

第四步：绘制踏查图
内容：水土流失、污染地块、封山育林区域，治理措施的标识

⇩

第五步：分析结果，制定治理措施
内容：针对以上的问题和治理需求，讨论磋商，拟定治理措施

图5–5　社区资源踏查工作流程图

3. 对社区资源和水污染源踏查结果的分析

（1）社区水污染状况的描述；

（2）社区排放到外部（太湖支流或直接入湖）的污染水情况；

（3）各种产业的定点排污口；

（4）土地资源利用中存在的问题，水土流失、植被退化、林地退化等状况；

（5）社区内易受污染影响的设施，场所的描述；

（6）采取治理措施的地点、位置，社区资源图见图5–6。

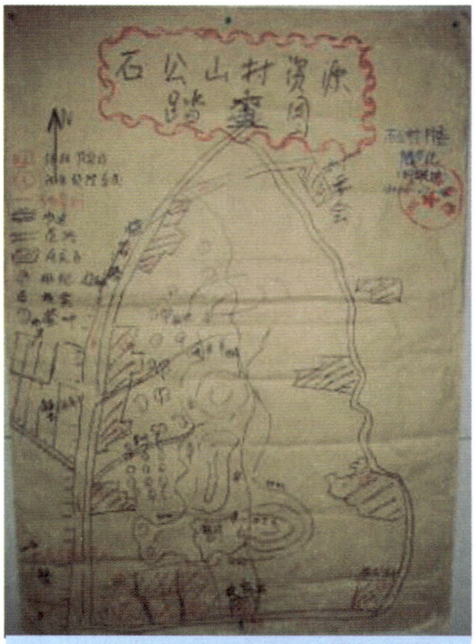

图5–6　入村调查后学员绘制的社区资源图

4. 农时、农事活动季节历/太湖水污染季节历

1）目的

做农时、农事活动季节历主要分析劳动力的季节分

布，比较男性和女性劳动力的劳动分工差别、特定时间的劳动强度，确定劳动力转移的潜力，确定项目活动的时间，比较分析劳动力资源配置是否合理。此外，根据作物施肥农事季节历，也可以判断太湖流域氮、磷污染排放集中时间，为干预、监测时机的选择奠定基础。

2）步骤和方法

（1）解释绘图的目的。

（2）讲解、演示方法。

（3）邀请采访对象或研讨与会人员绘图：横轴表示月份和时间，纵轴表示对应月份的劳动和其他生计活动，如果同一时间的劳动活动有叠加，可以用不同的柱形图表示。社区参与环保项目和污染治理项目的社会评估中，重点应放在：①集中施肥时间；②集中病虫害防治时间；③集中灌溉时间；④地表水径流等信息。

（4）请绘图人对绘制的农事季节历、污染季节历作出解释/解读。

（5）调查小组分析季节历并得出以下结论：

◇ 男、女劳动力的劳动分工差别；

◇ 和水污染相关的农事活动及污染集中发生的时间；

◇ 实施集中治理和氮磷排放监测的时间安排。

5. 社区大事记/太湖流域污染年表

1）目的

配合现状和问题分析，追踪导致污染的历史原因和演变过程，从而预测今后的发展趋势和污染治理的干预的效果。

应用：基线调查阶段、个体访谈、研讨会。

2）步骤和方法

（1）解释并演示方法，绘制一个空白的矩阵图，第一列表述年代，以10年为一个时间段；第二至第N列表述这个时间段发生的重大体制变革、重大污染事件，导致污染日趋恶化的社会、经济因素，如城镇化、工业化、人口迁移等重要因素。

（2）讨论并在图上描述、比较过去30～50年中上述分析因子发生的重大变化，并得出导致污染日趋严重的主要因素及演化规律的结论。

5.5 分析类工具

如前所述，目标群体、社区居民的参与过程，是对现状和对未来发展措施和目标的理性分析和决策过程。然而，在资源管理、社区发展、环境污染治理、水污染治理项目设计阶段，往往会遇到复杂的社会经济、文化、生计模式、政策、体制等诸多因素的交叉影响，给项目的设计者和社区的参与者带来挑战。分析类方法为系统诊断这些问题并提出解决问题的方案提供了一套灵活的工具。分析类工具以系统内在逻辑为基础，如因果关系、时序关系、整体–局部关系、手段–目标关系、行动与结果的关系等，在参与协调人（facilitator/moderator）的协助下，为相关目标群体的参与提供了方法平台。

分析类工具是在可视化的情况下，使参与者能够在清晰交流的状态下对复杂的问题进行分析，达成共识的工具。通常问题分析用来确定要解决的问题，并为立项找依据；SWOT（优势/劣势/机会/风险）分析用来做项目选择和预见；H分析是对单个目标进行综合描述与分析。

分析类工具的特点：

（1）分析类工具多为定性决策工具，便于群体参与；

（2）借助展示类工具，效果直观；

（3）适合不同文化水平的对象参与；

（4）运用逻辑分类，对比，决策和选择比较理性；

（5）清楚体现目标群体及项目各参与机构的目标、责任、利益等；

（6）为参与群体提供决策、利益谈判、互相沟通的机会。

见图5–7方法培训中学员对不同类型参与式工具的选择和比较。这里我们只对问题分析进行介绍。

图5–7　培训者指导学员结合练习选择比较不同的参与式工具

问题分析是指外来人与当地人一起对所面临的众多问题间的关系进行分析（这是一个完全开放和参与的过程），以确定从何处作手才能最有效地解决所有的问题。比如，在一个小区里，我们看到环境很差，存在众多的水污染源，好像是当地居民很不讲卫生；进一步调查发现，是养殖业带来的问题；更深一步又发现，当地人所从事的设施农业是需要大量资金和技术的生产方式，没有足够的技术和资金支持根本不可能解决当地人的生计问题。在这种情况下，任何一种政府项目都会挑战他们的生计，必须进行深入的问题分析才能找到立项的依据。问题分析的工具主要包括：归类分析、因果分析、问题树分析。

5.5.1　问题分析（问题树）

1. 概述

问题分析是采用直观展示方法，以“负面描述”的方式描述项目区域、社区、特定的利益群体及与项目相关的政府机构和部门现状的分析工具。适合于应用在社区内居民的小组访谈、社区内特殊利益相关人的访谈、女性访谈等环节中。

2. 问题分析在流域污染治理中的应用

问题分析作为公众参与的有效工具，可以应用到：

（1）流域污染治理项目设计阶段流域内污染源，特别是流域、社区范畴内面源污染的社会、经济、文化等原因诊断中；

（2）企业、社区等点源污染的识别和原因诊断；

（3）分析诊断导致面源、点源污染的政策和体制原因及制约治理效果的政策体制原因的诊断；

（4）制约环保和水污染治理公众参与的原因诊断。

3. 问题分析的步骤和方法

（1）主持人提出"核心问题"：结合太湖流域污染治理面临的问题和挑战，可以以"太湖水环境面临着蓝藻暴发的威胁"作为核心问题的描述，放在展示板的中央位置。

（2）采用"头脑风暴，集思广益"和书写卡片的方式，请社区内的参与者以问题描述的方式，罗列导致太湖水环境污染的直接原因和污染的后果。

（3）主持人帮助对参与者提出的问题和原因进行分类，同一类的问题，放在展示板的一个集中区域，得到若干个问题领域（problem clusters）。

（4）在问题分类的基础上，建立这些问题领域与核心问题描述的因果关系，如果是导致蓝藻暴发的"原因"，则放在核心问题的下方；如果问题的描述是由于核心问题存在导致的"后果"，则将这些描述放在核心问题的上方。这一步分析的结果，构成了以核心问题为主干的"问题树"，其根部的原因是"树根"，其上部的后果是"树冠"。

（5）寻找更深层次的问题，审查问题树"原因—后果"的逻辑完整性，加以补充，最后用逻辑关联线表述"因果"关系，形成完整的"太湖流域水污染问题树"，作为选择水污染治理项目干预内容的依据。

作为一种公众参与的工具，问题树用来对现实中存在的问题进行逻辑分析，也就是人们对现实问题认识和逻辑反映。准确有效地开展问题分析的前提是参与者对实际情况能够真正地了解。来自不同层次的参与者对同一问题的认识和看法会有所不同，不同的人对事实了解的深度不同，都会直接影响问题分析的结果。图5-9所反映的是太湖地区水污染的宏观情况，它的核心问题是蓝藻暴发。核心问题是"树干"，它上方的"树冠"是核心问题导致的结果，下边的"树根"则是导致核心问题——蓝藻暴发的原因。分析结果对于宏观政策提供借鉴。对于要进行项目的具体地区，要根据污染现状、因地制宜地作系统的问题分析找到症结和病因，为制定项目的干预措施提供依据。图5-10是学员对农村环境污染情况的"模拟"分析，是在没去实地之前的印象分析，这张图反映出政府干部对于农村社区环境污染特别是水污染的总体印象。图5–11是同一组学员在去了实习地以后，根据实际调查的情况绘制的问题树。图5–11中对于具体污染成因有了更详细的分析，这一组学员同时还把这些原因反映在社区图上（图5–6）。

实习村情况：太湖西山岛上的某村，总户数是1089户，劳动力1998人，30%在农业，其他在二、三产业。农业包括茶果、蔬菜瓜果、内塘养殖等，三产主要是农家旅游，二产主要是外出打工。

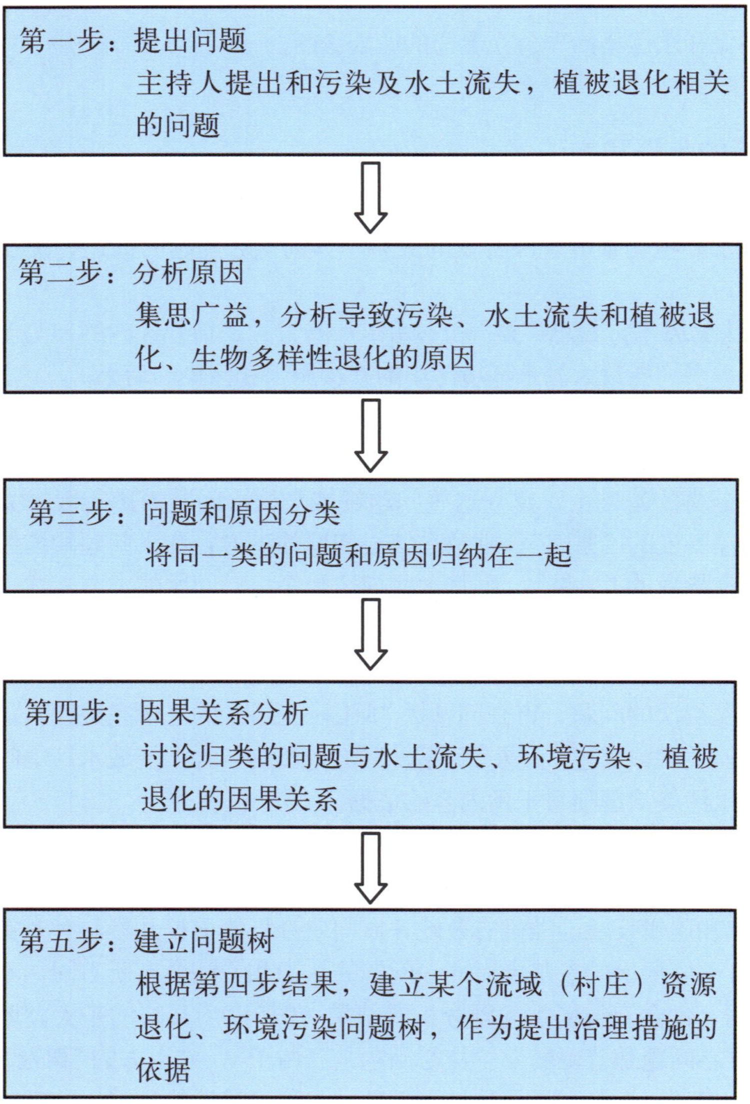

图5–8　采用问题树进行污染现状及原因分析工作流程图

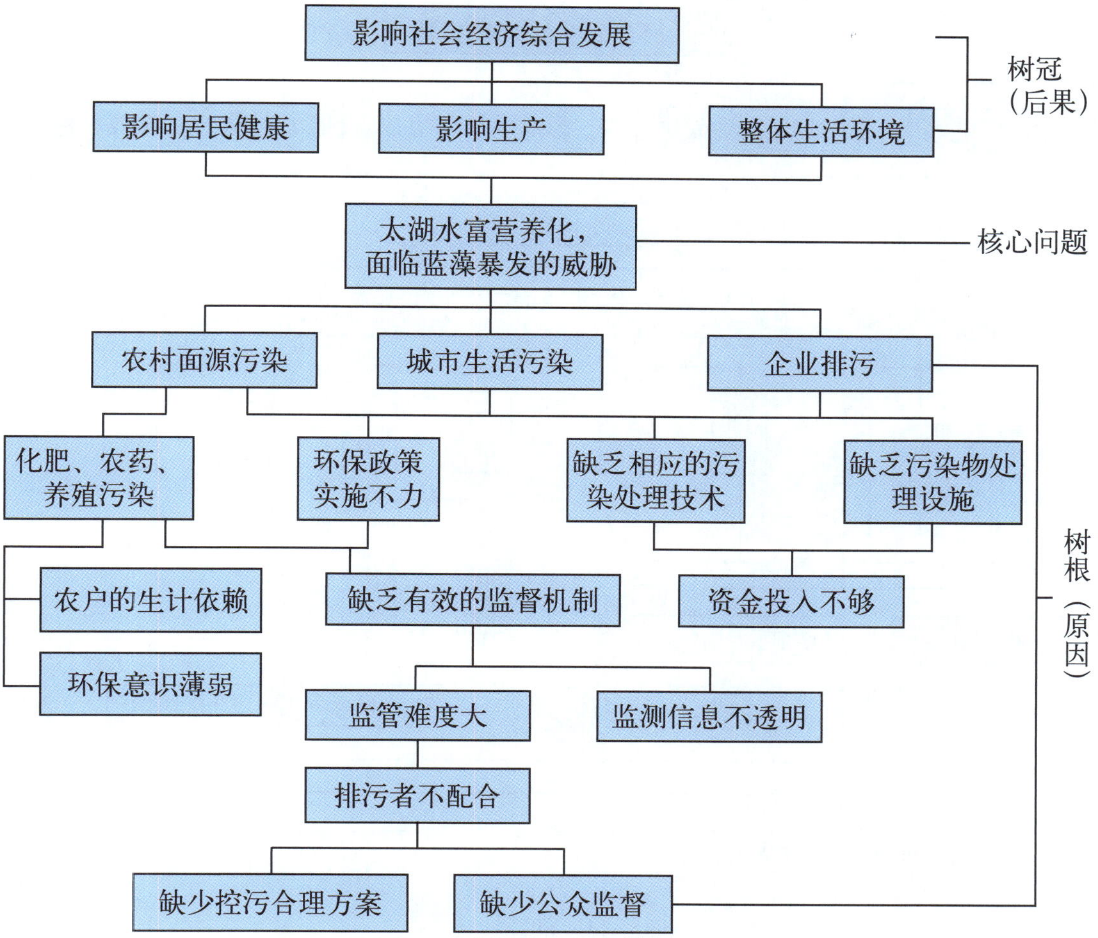

图5−9　问题树分析例1

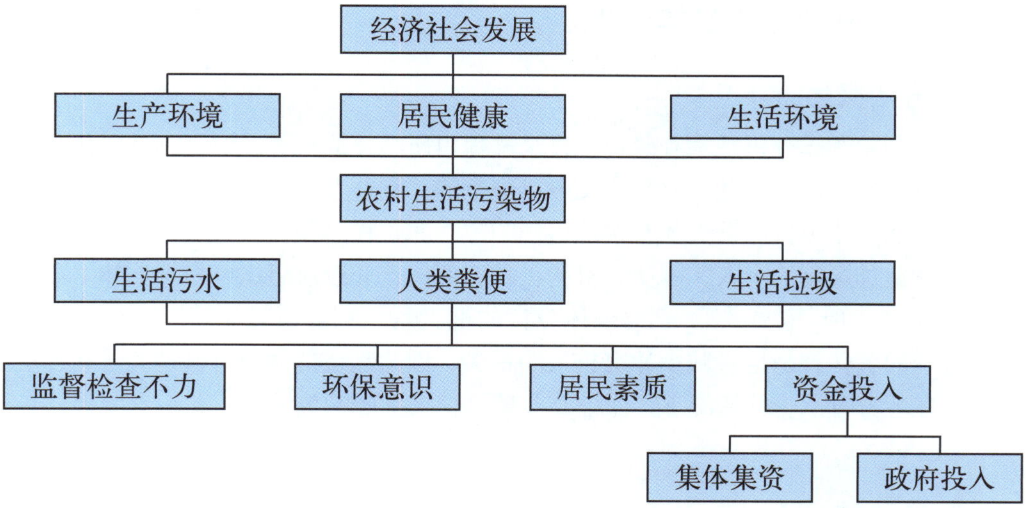

图5−10 太湖水污染问题分析例2

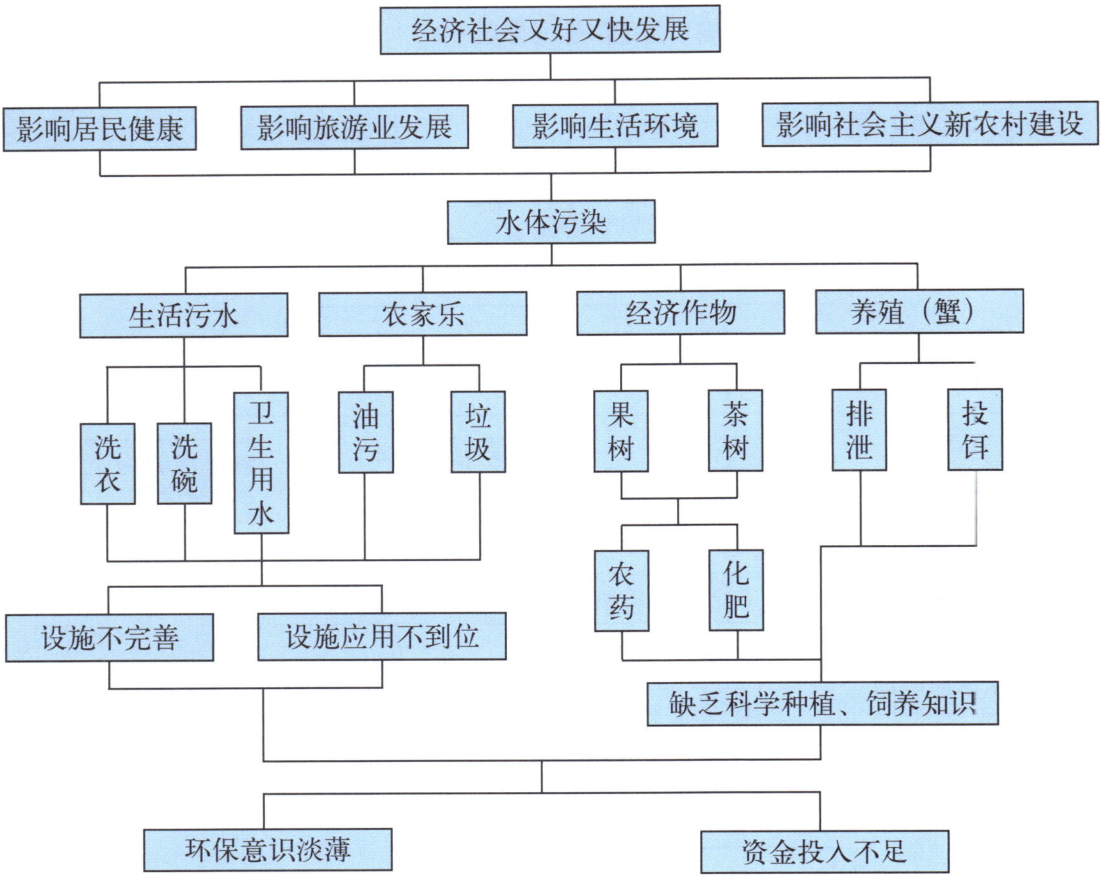

图5-11　问题树分析

5.5.2　利益相关群体分析

1. 方法概述

相关利益群体分析是一种确定项目全过程中所涉及的相关各方（利益群体）并明确他们在项目中的利益、兴趣、权利、义务（这里的"利益"不仅指经济利益，还包括责任和义务等）从而使项目能够更加有效地运作的方法和过程。项目相关各方指一切能够对项目或被项目施加影响的个人、团体、机构、政府部门、非政府组织、目标群体（项目户）、其他群众（非项目户）等。利益群体分析的框架是：利益不可能相同，冲突就会带来损耗，管理的责任就是尽量减少冲突带来的损失，因此利益群体分析就是为了在冲突中达到一致，在各方可承受的情况下，保证公共项目带来更好的效果。

2. 方法的应用

在任何一个项目涉及多方参与，或污染治理项目涉及特定的社会群体时，项目中都有必要运用参与者/参与机构/权益人分析，其主要目的是：

（1）识别导致流域或社区水环境污染的社区、企业、特定类型的农户及其在产生污染重的责任；

（2）识别受到流域污染影响的社区和农户及城市社区的居民；

（3）识别特定群体在水污染治理中的作用和责任；

（4）分析特殊群体对治理措施的态度和利益预期；

（5）为可能出现的由于经济利益、资源归属等问题而在项目各参与方之间的矛盾建立一套预警系统——在矛盾出现前加以解决并降低其可能带来的损失；

（6）为参与各方在项目规划和实施过程中的谈判、磋商、达成共赢的合作机制奠定基础；

（7）更加合理地分配有限的项目资源所能产生的社会影响并使之具有可持续性。

3. 相关利益群体分析的操作步骤和方法

（1）主持人准备一个利益群体分析的4列矩阵表；

（2）识别与资源管理相关的利益群体：采用集思广益方式，邀请与会者根据太湖流域污染治理计划涵盖的治理范围和问题分析的结果，列举出所有与污染治理项目有关的各利益群体，包括项目范围内的非目标群体（普通农户）、目标群体（项目农户）、各级政府职能部门、项目管理机构、出资方等；

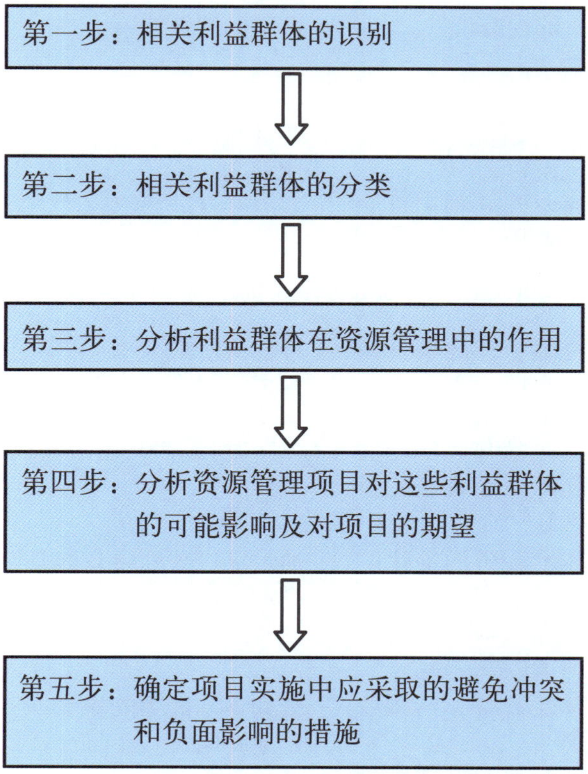

图5－12　资源管理项目的相关利益群体分析操作流程图

(3) 对第一步得到的相关利益群体分类，并纳入矩阵表的第一列；

(4) 分析确定每一个利益群体在污染治理项目中的责任和职能，填入矩阵表的第二列；

(5) 分析确定治理措施对该群体产生的影响，该群体对治理措施的预期和期望（希望获得的利益及项目带来的积极影响），填入矩阵表第三列；

(6) 分析确定消除由于污染治理导致的生计、社会负面影响的措施，填入矩阵表第四列表（5–1）。

表5–1　太湖流域流域治理项目利益群体分析（案例）

相关群体	作用职能	项目的影响/利益预期	保证参与，消除冲突的措施
政府机构（水利局、林业局、农业局，环保局，发改委等）	– 产业主管部门 – 代表政府保护自然资源并实施项目	– 产业发展 – 资源的可持续利用	– 采用参与式磋商方法制定管理政策和规划项目
小流域内社区	– 集体土地资源的管理者 – 治理项目的基层实施单元	– 集体土地使用权的限制 – 得到生计的补偿	– 村干部磋商 – 和村委会达成共识 – 组织集体行动
农户/社区居民（男性，女性）	– 社区水资源、土地资源的使用者 – 补偿和替代生计项目的受益者	– 生计、收入因资源使用方式改变或受到限制受到负面影响 – 希望得到补偿	– 充分磋商，达成共识 – 提供必要的补偿，生计创建项目支持 – 保证贫困人口，妇女的受益
企业/投资者	– 土地和水资源的承包租赁者 – 商业开发利用可能导致资源退化或污染	– 在资源使用中获取商业利润	– 政府部门主持，由企业和社区，农户进行磋商和谈判，达成资源使用租赁的共识
科研机构（大学，研究所）	– 资源管理政策、技术的研发者 – 承担环评和社评 – 社区参与和GPS实施的促进者（主持人）	– 推广科研成果 – 避免资源管理中的社会冲突	– 聘请研究单位专家，开展公众参与和性别主流化
环保民间组织	– 环境和资源退化的监督者 – 公众参与的协助者和促进者	– 通过促进公众参与，推广环保和资源可持续管理理念	– 和环保组织的平等合作
公共媒体	– 环保监督，污染监督 – 提高公众环保和公众参与意识的宣传	– 公众参与能力的提高 – 公众知情	– 在公众参与中，邀请媒体单位参加

4. 注意事项

（1）进行参与者/参与机构/权益人分析对主持人操作技巧要求较高，需要在讨论中不断地对过程保持敏感，注意引导各方的意见表达；

（2）涉及利益及资源分配往往是比较敏感的话题，在邀请各方代表时，最好能获得不同机构主管官员、领导的认同，否则不易获得各参与方对项目的承诺；

（3）整个讨论过程应保持透明、公开并紧紧围绕项目及其相关影响展开；

（4）讨论的最终目标是在对项目达成良好共识的基础上获得各方对项目的承诺。

5.6 排序类工具

打分排序类工具是一种直观化、适合小组或群体参与的一种定性和定量分析决策工具，可以很方便、快捷地用于问题排序、偏好排序、贫富排序等多种目的。人类的发展和环境治理行为，是一种从问题诊断和现状分析入手，寻找解决问题的策略和行动方案，从而实现发展目标，改善环境的逻辑理性过程。在整个理性决策过程中，需要不断地寻找导致污染、水土流失等发展综合症状的原因，并针对原因确定行动的优先顺序。

参与式打分排序，则为与问题症结相关的利益群体的参与提供了直观、互动的平台。作为参与式农村评估中最为常用的工具，该类方法可以帮助我们在实际操作中根据不同的项目类型、工作环境（时间、场地）、工作对象等选择不同的排序工具进行灵活应用。排序类方法的特点是快速、直观、易操作。

打分排序方法可以应用在污染治理项目和相关政策法规实施的以下阶段：

（1）流域污染原因诊断阶段对污染原因的排序；

（2）流域和水域污染导致的特定社会影响、环境影响的排序；

（3）治理污染措施、对策、治理项目内容的选择和排序；

（4）污染治理项目效果的评估阶段；

（5）相关环保政策、法规的实施效果评价。

可以在以下调查中使用：

（1）个体问卷的问题和措施打分排序；

（2）小组访谈或污染治理社区研讨会中应用。

5.6.1 打分排序法

1. 直接排序

直接排序用于参与对象数量较大的问卷和小组访谈中。其步骤方法如下：

（1）参与的协调人准备排序矩阵表，将需比较排序的内容用卡片写出；

（2）参与协调人解释需要排序的内容：

- 流域内不同社区氮、磷污染排放量的排序；
- 太湖蓝藻暴发的面源污染原因排序；
- 不同农事活动与氮、磷排放量的关系排序等。

（3）请社区代表、被访问人对给定内容的排序：

- 个体：请被调查人根据自己的权衡对排序内容进行简单的由上而下或从左至右排列；
- 小组/群体简单排序：给每个参与者一个排序表，或准备好一定数量的玉米粒或其他可记数的工具，让参与者根据自己的优先序列投放玉米粒。每一个对应的格内得到的玉米越多，证明群体对本项内容的选择越优先。

（4）归纳、统计分析排序结果，得出结论，拿出污染原因诊断或污染治理措施优先顺序表，作为公众参与治理项目决策的依据。如果必要，将排序结果在社区内公示，让没有直接参与的社区居民了解项目的优先干预措施。

打分或排序都是参与农户直观认知的表达，这种方式主要用于征求公众主观意愿，这并不是对于客观真知的研究方法，而是保证人们公平参与的方法。

2007年5月，太湖蓝藻暴发导致无锡等城市居民的饮水污染。科研人员对藍藻暴发的面源污染进行诊断，在社区内采用公众参与方法诊断原因，可采取表5-2中的方法。

表5-2　太湖蓝藻暴发污染原因社区居民的参与式排序

污染源	居民1	居民2	居民3	居民4	居民5	居民6	居民7	结果
水产养殖饵料	4	1	2	4	4	5	4	3.43
使用化肥	3	5	3	3	1	2	3	2.86
使用农药	5	6	4	1	2	1	1	2.86
畜牧养殖粪便排放	1	2	6	2	3	3	2	2.71
社区垃圾，污水排放	2	3	1	5	6	4	4	3.57
工业企业污染	6	4	5	6	5	6	5	5.29

由于按照和污染源和蓝藻暴发的关联程度给分，密切相关的作为第一位，比较相关的作为第二、第三……排序，以上表格统计得到的平均分值越小，证明该项污染源与太湖蓝藻暴发的关系越密切，该项治理措施在综合治理中的优先地位越高。从以上案例中可以看

出，该组村民认为养殖场家畜粪便排泄、农药和化肥施用时导致太湖水污染最终导致蓝藻暴发的三个主要原因。

2. 打分排序

根据调查对象对调查内容重要性、关联程度判断，给出特定的分值，根据统计后得到分值，判断公众对污染原因和治理措施的选择偏好，排出顺序。可用于问卷调查，也可用于小组访谈或社区参与式研讨会。步骤如下：

（1）准备矩阵表，列出需打分排序的内容（表5–3和表5–4）；

（2）解释需排序的内容；

（3）请参与人根据个人的经验，对提出的相关污染原因或治理措施对治理效果的关系赋予1–5分的分值，效果越好，分值越高；

（4）统计打分排序结果，得出结论。

表5–3　太湖流域面源污染治理措施打分排序（案例）

治理措施	居民1	居民2	居民3	…居民n	平均得分
配方施肥，降低氮磷排放	4	3	4	5	4.3
集约化养殖，家畜粪便处理	5	4	5	4	4.8
社区生活污水治理设施	5	5	2	3	4.0
禁止太湖网箱养鱼，水内部循环池塘养殖	3	1	3	2	3.2
限制农药使用	5	4	4	5	4.5

结果的解读：

（1）分值：1～5分，分值越高，表明居民对该项措施的效果认知越高，反映了被调查者对该项措施的偏好；

（2）可以采用投放玉米粒的方法打分，统计每个各种的玉米数量，数量越大，证明社区居民对这个排放的污染治理措施的选择偏好越高；

（3）在考虑技术、经济可行性前提下，公众选择偏好高的治理内容作为治理优先项目。

表5-4 工业建设项目污染社会影响打分排序

影响	居民1	居民2	居民3	…居民n	打分结果
健康影响	4	5	5	4	4.8
噪声污染	5	4	4	3	4.0
空气污染	3	4	3	4	3.5
地下水污染	5	5	4	5	4.9
收入影响	2	3	4	3	2.8
整体发展水平的制约	4	3	4	4	3.8
社区生活环境的影响	5	4	5	4	4.5

结果的解读：

(1) 平均分值越高，证明该项污染对居民的影响越大；

(2) 政府对该项目的干预应以公众社会影响分析结果为依据；

(3) 本结果也应是环境影响补偿谈判的依据。

5.6.2 项目干预措施的SWOT矩阵分析

优势－劣势－机遇－风险（根据英文Strength-Weakness-Opportunity-Threat的缩写SWOT，简称斯沃特）分析是矩阵分析类方法中的一种，主要应用在污染治理项目的社区设计阶段，即治理目标、治理途径、治理措施和内容的界定阶段。其具体方法是以一个四列多行的矩阵表为框架，对流域和社区面源污染治理项目面临的内部和外部条件、可控和不可控因素进行系统的分析，为制定面源污染项目(包括机构能力建设和公众环保意识)计划,制定行动方案提供分析依据。

SWOT作为参与式分析的有效工具，实践中可以用于如下领域：

（1）社区参与式评估中的村级研讨会或小组讨论，在主持人的协调帮助下，农户对自身和社区参与面源治理项目面临的现有优势条件、限制因素、面临机遇和外部条件及可能出现的风险因素和制约因素进行系统的讨论，为形成社区参与的面源污染治理项目行动方案奠定基础。

（2）参与式项目战略规划。在项目的基线调查和可行性研究阶段用于筛选项目内容和确定项目的实施方案。

（3）参与式机构发展规划。机构支持和机构能力建设项目中用来分析机构的人力、设施和管理等方面的优势、弱点、发展机会和潜力及发展中面临的制约和风险因素，进而提出机构发展建议。此外，SWOT也可用于部门、机构的管理现状分析。

（4）实施和评估过程中的现状分析。为项目方案的修订和调整提供信息。

SWOT分析法通常用于小组讨论，也可以用于个体采访。方法的主要应用者为社区居民、社区干部和与面源污染治理项目相关的政府部门、技术部门和农业推广人员。所需的辅助材料比较简单，只需大开牛皮纸、白板、笔，也可以使用村头黑板报或墙报。本方法便于村级调查时使用。

操作步骤如下：

（1）准备多行5列的SWOT分析矩阵表，并对每列的内容加以解释：优势、缺陷/劣势、机会/潜力和风险/制约。

（2）将问题诊断过程中确定的治理面源污染的措施纳入SWOT矩阵表的第一列：

- 如畜牧养殖污染源的治理；
- 农业化肥的污染；
- 社区垃圾和生活污水的污染治理；
- 水产养殖污染的治理。

（3）从社会、经济、技术、资金、资源、生计、政策等角度分析实施以上治理内容面临的：

- 机会：有利条件（现有的）；
- 制约和不利条件；
- 可能的机会。

（4）根据分析结果，对提出的面源污染治理措施及政策的可行性作出结论（表5–5）。

表5–5　太湖流域___县___乡___村面源污染治理项目SWOT分析案例

项目内容	优势	劣势	机会	风险
农业化肥污染治理	– 农户对化肥污染的认识 – 绿色和无公害产品及有一定基础	– 部分农户仍采用常规化肥	– 政府对绿色生态农业的支持 – 绿色食品的市场前景	– 部分农户尚未掌握相关技术 – 市场价格波动
水产养殖对水面污染的控制	– 政府已经制定了相应的政策，禁止太湖网箱养鱼 – 对转换池塘养殖给予补贴	– 转为池塘养殖中需资金投入，部分农户缺乏资金	– 政府的扶持政策	– 影响部分养鱼户的收入
个体养殖污染的控制	– 村民已经认识到养殖业的污染 – 有些小型养殖户已经退出养殖 – 现有集约化养殖环保措施得到政府支持	– 小型养殖户缺乏处置粪便设施	– 太湖周边地区的污染行业的调整政策	– 部分个体养殖户放弃饲养会影响家庭收入

续表5-5

项目内容	优势	劣势	机会	风险
社区污染排放的治理	– 太湖周边比较发达的社区已经开始建设生活污水处理设施 – 村民环保意识提高 – 垃圾分类	– 部分经济落后社区无力建设污水垃圾处置设施	– 政府对太湖周边村庄环境整治的补贴	– 部分社区缺乏环保意识和治理能力
企业污染的治理	– 地方政府的产业调整政策 – 环保部门对污染企业的政治	– 企业投资能力制约 – 部分企业主力行为忽视环保	– 企业获得国家的补贴	– 关停并转是企业倒闭，工人失业 – 影响部分就业农户的收入

5.6.3 项目干预措施的可行性矩阵分析

通常的项目措施的可行性分析，是由参与项目设计专家和项目的评估专家来负责的，社区居民和一般的公众是不能参加项目的可行性研究的。项目干预措施的可行性矩阵分析同样也是以矩阵表作为可视工具，为与项目干预措施相关的不同社会群体的参与提供互动平台。

可行性矩阵分析可以在项目设计的社区调研阶段、项目规划阶段的多利益主体的磋商谈判阶段应用。应用中必须协调人（facilitator）提供互动参与的主持和协调。实际应用过程中，可以和SWOT分析交叉使用。

操作步骤和方法如下：

（1）准备一个多行5列的分析矩阵表，将可行性分析的视角，如社会可行性、经济可行性、技术可行性、生态可行性、市场可行性等填入矩阵表的第一行，并加以解释。

（2）将问题诊断过程中确定的治理面源污染的措施纳入可行性矩阵表的第一列：

- 如畜牧养殖污染源的治理；
- 农业化肥的污染；
- 社区垃圾和生活污水的污染治理；
- 水产养殖污染的治理。

（3）邀请参与人从社会、经济、技术、生态、市场等多个角度，对提出的污染治理措施进行可行性分析。

（4）根据分析结果，对提出的面源污染治理措施及政策的可行性做出结论（表5-6）。

表5-6 太湖流域某市面源污染治理项目内容可行性矩阵分析

项目内容	社会可行性	经济可行性	技术可行性	生态可行性
农业化肥污染治理	社会冲突小，社会可行性较高： - 涉及以种植业为主要收入来源的社区 - 适合收入较高的社区转换 - 农户认识到无公害绿色食品的生产潜力	有较好的经济可行性 - 使用有机肥，低毒农药生产绿色食品有较高的市场增值潜力 - 多数农户可以采纳	技术可行性很高 - 有机肥，复合肥，并虫害综合防治（IPM）技术已经成熟 - 有机、绿色食品生产技术成熟	有较明显的生态效果
水产养殖对水面污染的控制	中等社会可行性 - 放弃网箱养殖，影响小型养殖户短期收入	较好的经济可行性 - 转为池塘养殖会在一定程度上增加养殖成本	转化养殖模式没有技术风险 - 池塘养殖鱼病的防治将有一定的难点	从网箱养鱼到池塘养鱼，对降低湖水的污染有明显的效果
个体养殖污染的控制	较好的社会可行性 - 小型养殖农户逐步退出养殖 - 大型户采取环保措施，降低排放	经济可行性一般 - 增加环保设施需较大的资金投入	无技术风险	明显的环保效应
社区污染排放的治理	很高的社会可行性 - 结合新村建设 - 村民环保意识普遍提高	经济可行性一般 - 需较大的设施投资 - 公共积累少的社区不能承担投资，需国家补助	所有环保、污水处理设备均可在市场上购置	改善太湖水质的效果非常明显
企业污染的治理	社会可行性较低 - 污染企业追求利润，不愿采取防污措施 - 关停企业带来社会矛盾	经济可行性一般 - 增添设施需要较大的投资 - 停产，给企业带来经济损失	相应环保技术已经具备	关停污染企业对降低污染效果极其显著

5.7 如何运用参与式工具进行项目管理

5.7.1 综合运用各类工具

上述的参与式工具中，访谈类工具和会议类工具是运用参与式方法的基础，可看做是常规型工具，其他几类工具都要与它们一起使用，例如，排序必须是在小组访谈或居民研讨会的过程中使用（表5–7）。

表5–7　参与式工具在不同参与形式中的用途

对象	工具			
	半结构访谈	排序	参与式画图	分析类工具
个体参与	得到个体信息，包括经验、看法、态度、需求和建议等	很少在个体中使用，因为排序在比较中才有意义	可以画出自己对周围社区的认识，包括水资源情况、自己的愿望、自己的社会关系等	生计问题分析；环境问题分析；水资源使用问题分析
群体参与*	针对一类人群：讨论对某一问题的看法和建议、能力培训需求和项目需求、参与意愿等	确定问题重要程度；确定一个社区内的贫富排序；选择项目方案等	群体的主要社会联系图	确定水资源相关的问题，找出主要问题和根本问题；选择项目方案
社区参与	若干知情人访谈；不同群体分类访谈；入户访谈	选出社区所面临的最严重的问题；选出适合社区的项目方案	社区资源图；社区组织管理图；社区组织的机构联系图	选出社区项目；选出社区环保行动方案
机构参与	若干知情人访谈；不同群体分类访谈	选出对机构最紧要的能力培训需求、机构发展条件紧迫程度排序	对外机构联系图；对内的机构运作图	机构发展前景分析；机构能力问题分析等

* 特别要关注女性组的参与。

表5–7介绍了促进公众在流域污染治理项目和工业建设项目社会影响评估和环境影响评估的参与式方法。为保证这些方法和工具使用的实际效果及得到的结果在设计规划流域污染治理项目中直接采纳到项目设计文件中去，需要对公众参与的过程进行主持、辅导和协调。这些方法往往在多个居民和利益主体参与下的小组访谈和社区参与式项目规划研讨会上应用，要保证不同利益主体的平等参与，在污染治理措施选择、治理的战略途径选择、补偿措施的谈判中达成共识，必须有协调人的辅助。

5.7.2 掌握组织公众参与的主持技巧

1. 小组访谈和研讨会的主持人职责

主持人的主要任务和职责如下：

（1）访谈和研讨的准备。设计、准备小组访谈，规划、磋商研讨会的议程、内容，保证多利益主体达成共识的参与/主持的策略和方法（参与式工具和方法的选择）。

（2）公众参与过程中的协调。主持人在小组访谈和研讨会中的职责：

①提出需要讨论、磋商或谈判的议题或问题，并作系统的解释，保证所有参与人对参与内容的准确理解。

②帮助、协助不同的利益群体（不同部门、层次、社区、流域、不同类型的居民和农户）整个研讨、磋商和谈判的过程，在发生利益冲突时，帮助寻找利益衔接点，帮助不同利益方拿出各方满意的可行结果。

③协助不同利益群体就项目内容、资源、资金的分配、公共基础设施的位置选择等重要事宜达成共识。

④调动社区代表，特别是女性和受到流域污染负面影响或受到治理措施影响的居民参与讨论、谈判和决策过程。

⑤通过书写卡片、书写活页板、画示意图等方法展示研讨内容。

（3）系统整理访谈和研讨结果，纳入污染治理项目设计文件中去。

促进公众参与的主持直观化展示技巧见图5−13和图5−14。

图5−13 学员练习主持技巧

图5−14 采用展示板和活页板直观展示磋商内容，是促进公众参与的有效方法

2. 主持人主持中角色及遵循的原则

（1）基本角色定位：是研讨和决策的辅导者，而不是决策者。

（2）专家角色的“冻结”：您如果想做主持人，必须暂时“冻结”作为规划专家的角色，保持对项目和研讨内容的中立态度。

（3）不能发表带有个人选择倾向的评价意见。

（4）不能刻意诱导，使研讨向着个人预期的结果。

（5）不能对发表意见的与会者作出损伤其参与积极性的评价，诸如：“你怎么会提出这样的问题？”；“这个问题与我们讨论的主题根本不相关！”。

（6）学会倾听，不要利用主持人的权威，过多地发表自己的看法和意见。

（7）注意调动弱势群体的参与，如对贫困户代表和女性代表的参与特别关注。

3. 对主持人能力的要求

（1）必须掌握主持多利益群体参与的方法和技能，需经过参与式主持方法的培训；

（2）系统分析能力和逻辑归纳能力；

（3）良好娴熟的团队沟通能力、团队工作组织策划和实施能力；

（4）处理冲突的策略和协调能力和经验；

（5）熟练掌握本章介绍的所有参与式工具的使用能力和技巧；

（6）直观表达，图表的设计，解读和使用能力；

（7）系统理解，了解流域污染治理项目区域的污染和社会经济的基本状况；

（8）系统理解流域污染治理项目的基本框架，项目设计的任务书。

单元思考题和练习题

1. 思考题

（1）分组讨论：促进资源管理项目、环保项目和产业投资项目中GPS的主要工具和方法分为几类？主要在哪些阶段使用？

（2）为什么参与式方法使用中，使用者的态度会直接影响活动的效果？

（3）使用这些促进GPS的方法，目前存在哪些难点？推广这些方法，需要哪些条件和政策支持？

2. 室内和社区分组方法练习题

（1）根据您参与的项目内容，设计一个社区问卷或农户个体访谈提纲，并根据问卷和提纲，做角色扮演，访谈小组中的其他成员，并对访谈过程和结果进行总结和分享。

（2）根据您参与实施的项目类型，采用参与者分析方法，识别项目对哪些利益相关者产生正面和负面的影响？

（3）采用问题分析方法，诊断某个地区/社区资源退化、水土流失或环境污染的原因。

（4）采用小组访谈方法，用矩阵表分析您所作项目的措施对特定社区和农户、女性、贫困人口产生的可能的资源使用的限制和生计影响。

（5）采用打分排序方法，对提出的项目内容对不同性别的资源使用者可能产生的社会影响作排序，并比较女性和男性排序结果的共性和差异。

（6）采用季节历分析某社区农业生产活动、资源使用和劳动力配置的社会性别差异。

（7）选择一个了解某个社区或流域的学员提供案例，设计一个社区资源踏查提纲，并通过互动访谈，绘制社区资源现状图或资源退化现状图，并以此图为平台，诊断原因，提出治理对策。

6 环境保护和自然资源管理中实现性别主流化的策略

前面几章已经系统介绍了自然资源管理中公众参与、性别平等及性别主流化的步骤、方法、工具。这些步骤框架、工具和方法，在国际合作项目支持下，比较容易纳入项目的整个生命周期，但是，在国家和地方政府制定资源管理政策和实施资源管理项目中，要使性别平等的理念贯穿始终，仍需具备必要的条件和策略。本章将简要介绍性别主流化的条件和策略。

6.1 资源管理政策制定和实施过程中的性别主流化

社会性别主流化强调把性别问题纳入政府工作和社会发展宏观决策的主流，即把社会性别问题作为社会发展战略，贯穿于社会发展的全过程，同时它关注社会法律、政策环境的改变，使女性和男性平等参与社会发展和受益。这一理念强调实现性别平等的责任主体首先是政府，即促进社会性别平等首先是政府的职责，特别是各级政府决策者的责任。如果把女性组织作为主要责任主体，由女性组织履行政府职责，就会影响女性发展的进程，甚至将社会性别问题边缘化。

《中华人民共和国宪法》、《中华人民共和国妇女儿童权益保护法》等已经为自然资源管理中性别主流化、特别是妇女的权益保障，提供了法律制度保障。

我们在基层做项目时，经常会听到基层干部说："妇女已经完全具备和男性同等的权利，甚至有时角色和作用超过了男性，没有必要再强调性别平等啦！"。其实这正是性别盲视的表现。另外，在制定和实施生态补偿政策，林地承包政策，水资源管理政策中，大部分政策制定、实施和政策效果的评估环节都没有系统的将性别主流化。

女性是参与社会发展的主体，赋权于女性是实现社会性别平等的关键，注重增强女性的权力和能力。社会性别主流化认为经济发展不能自然而然地带来女性地位的提高，性别平等也并不完全取决于社会经济发展水平，它需要改变传统的社会性别机制。

本次培训的性别平等化、公众参与和社会影响管理（GPS）是在国际国内项目实践中证明为有效的先进管理理念，它在以人为本科学发展观之下，缓解社会矛盾、减少社会成本、控制社会影响、实现社会公平方面有不可替代的作用。性别主流化不仅关注项目的近期目标，也关注项目长期的社会影响。已有的项目经验说明，性别主流化对提高项目效果具有明显作用，因此需要更多的重视。从这三个理念的意义来看，性别主流化具有基础性的作用。

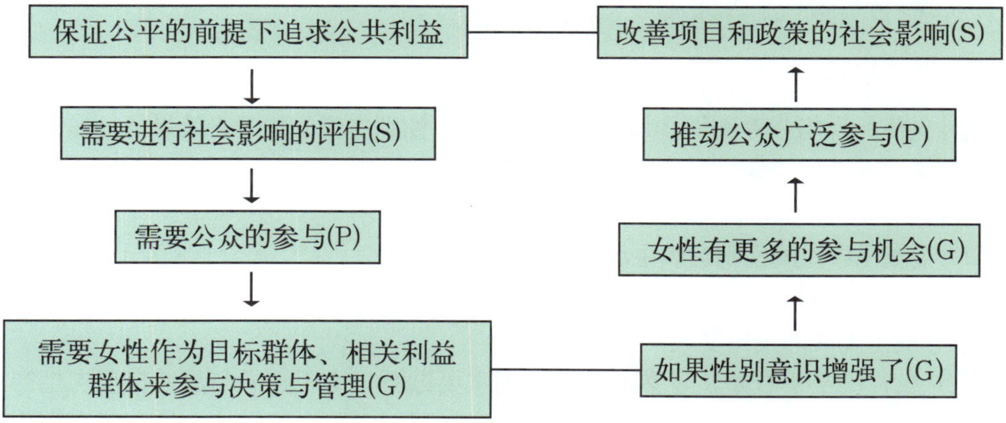

图6−1　性别意识主流化在GPS中的基础性作用及内在联系

从图6-1中我们看到性别意识主流化在GPS中有基础性作用，并且通过长期的影响会带来可持续的正效益。

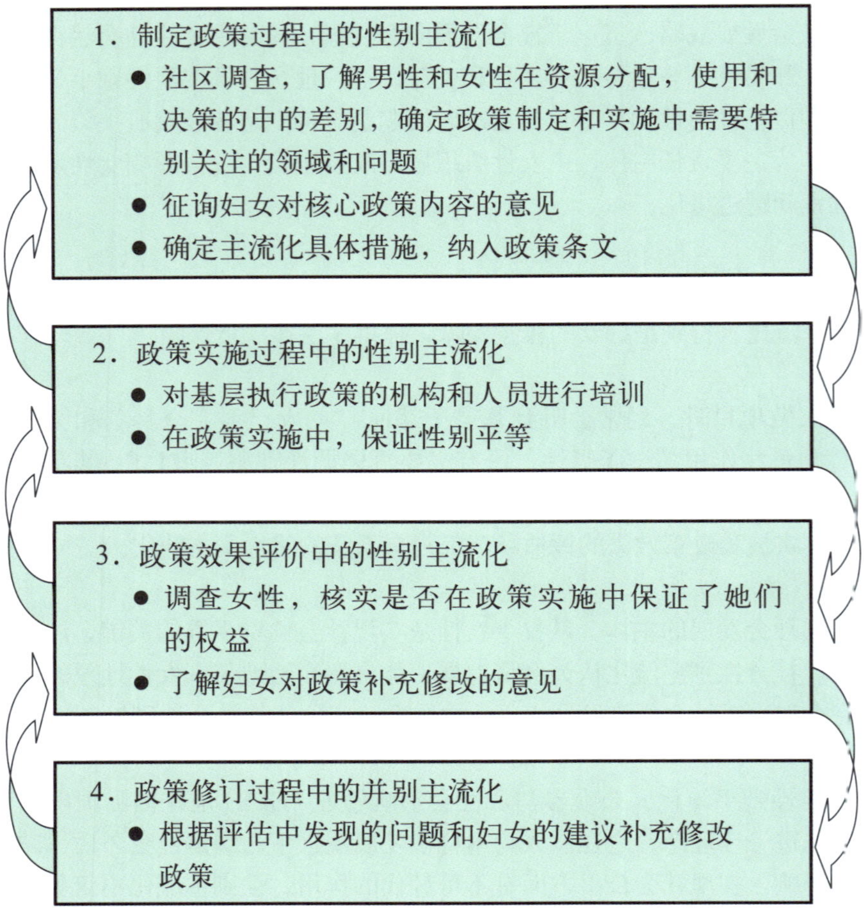

图6-2　资源政策制定和实施中的性别主流化流程

6.2 项目周期中的性别主流化策略

项目周期过程中，项目人员需要具有社会性别敏感性，把女性的社会性别意识树立起来，同时也使男性增强对女性作用和地位的认识。性别主流化的最终效果是：通过项目的实施，解决了女性的问题，提高了她们的地位，实现性别平等。

GPS主流化中保障性别意识主流化的原则：

(1) 女性与男性一样都是发展的主体，他（她）们之间构成的社会互动关系共同构成了发展的主体要素。

(2) 女性的决策权是体现参与式理念的重要方面，由于她们与男性在现实生产和生活中的不同角色和体验，她们很可能对同一问题有不同的立场和观点，应该给予与男性一样的发言权和决策权。

（3）女性应该公平地获得资源。这是获得机会的基础也是参与的前提，当然参与也有助于获得更多的资源。资源包括：教育、健康和资产等。

（4）女性的组织和网络。女性的自我组织可使她们相互支持、获得支持，是女性参与社会决策的重要手段。

对于女性群体，从个体意义上讲，性别意识主流化的主要内容包括：意识的提高、参与、制度化、能力建设、可持续性。这些内容有些是可以通过培训达成，更多的内容需要有持续的制度化的推动。在环保和自然资源管理项目中，更多的培训对象是官员，从群体意义上讲，这种培训应该更看做是一种专业培训，也就是把性别意识作为一种专业技术和素质来看，这样更有利于培训的进行。对于项目官员来说，他们需要的性别意识培训包括以下几个部分：

（1）增强性别敏感性，启蒙意义的培训；

（2）掌握主流化的方法，技术层次的培训；

（3）动力因素和条件，机制层次的培训。

如图6–3女性学员学习性别主流化的分析工具和方法。

项目周期中实现性别主流化的有关具体要求：

1）项目调查中

（1）区别各个利益相关群体中的性别构成和女性群体的特点；

（2）确保收集分性别数据和资源；

（3）小组访谈参与者的性别构成（要求不少于1/3）；

（4）组织单独的女性访谈小组。

图6–3　女性学员在公众参与方法培训中采用劳动日志（图）方法分析男女劳动分工的差别

2）项目设计中

（1）设计解决女性所面临问题的性别主流化项目；

（2）女性的能力建设项目（包括社会性别平等培训）。

3）项目实施和管理中

（1）项目管理委员会成员的性别构成（要求不少于1/3）；

（2）女性在参与组织中的地位是否有决策权？如何提高影响力？

（3）成立女性组织参与项目管理；

（4）在社区层次上，突出强调女性的作用，支持女性组织的建立和运作。

在案例7.1.9中，英国海外发展署和中国水利部合作的项目中，虽然下放水管理权是主要的手段，但是许多水管会是女性负责的，所有水管会中都有女性的加入，在这种情况下，性别主流化可以看做是这个项目成功的主要经验之一。仔细考察这个项目我们看到，女性的加入需要强大的推动，主要体现为制度性的要求，这是在我国提高公共项目影响效力的主要方法之一。

4）项目监测评价和验收中的性别主流化

（1）核实项目规划阶段拟定的性别主流化、妇女参与受益指标；

（2）拟定妇女参与和受益情况调查问卷或访谈提纲；

（3）到社区做妇女小组访谈；

（4）收集妇女参与和受益的成功案例；

（5）对性别主流化贯彻情况和妇女参与受益情况纳入项目监测评价和验收报告。

详见图6–4项目生命周期中性别主流化流程图：

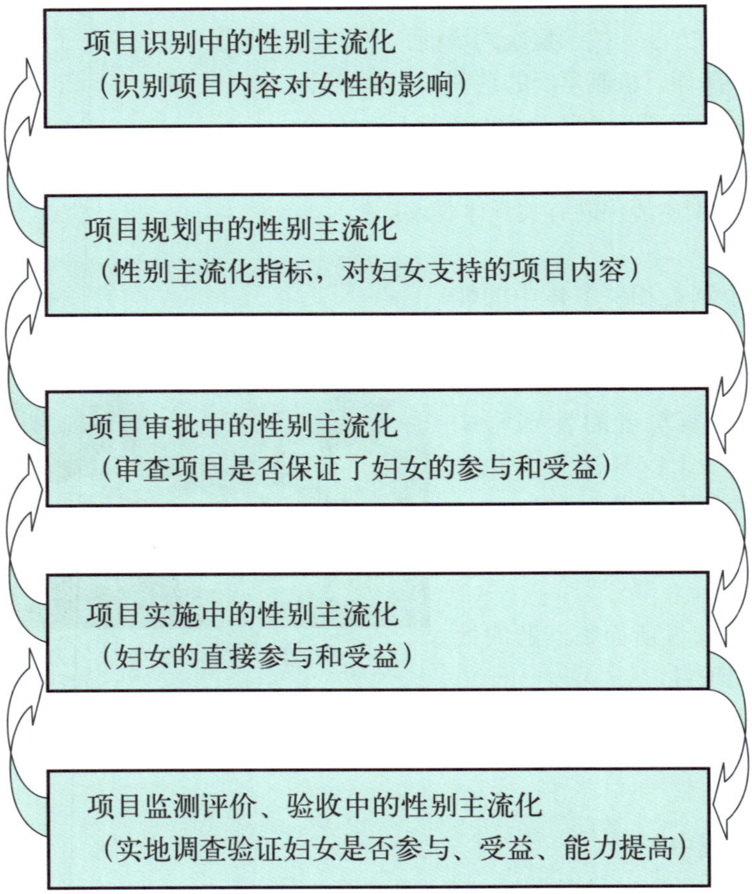

图6–4　项目生命周期中的性别主流化流程

在ACEDP项目中，只有从细节上周到地考虑社会性别主流化才能真正地推动GPS战略的贯彻，也才能增强ACEDP项目的社会效益和效果，并真正推动中国的社会性别平等。

7 GPS案例

本部分的案例分为三部分，第一部分是中国的相关案例，第二部分是澳大利亚的相关经验，第三部分是欧美及其他国家公众参与的相关案例。

7.1 中国相关案例

案例7.1.1　我国环境项目中公众参与状况调查

在太湖流域的宜兴市，对公众参与环境影响评价和流域污染控制方面的调查发现，当问及“您是否知道法律明确规定了普通民众可以参与环境影响评价？”被调查者中仅有44.4%的知道该规定，55.6%的人表示不知道自己有这样的权利，知道该规定的人中也仅知道两三种参与方式，主要是“问卷调查”和“参与座谈会、听证会等”，分别占69.4%和61.1%，这充分说明政府的宣传力度不够，很多公众并不知道自己享有的知情权、参与权、决策权等。针对居民环保信息知晓程度进行调查，有12.7%的人“很清楚”政府对太湖的治理工作，46.8%的人“大概知道”，40.5%的人“不清楚”；从获得信息的渠道来看，选择“电视”、“报纸”、“收音机”、“听朋友说的”和“其他”的人数比例分别是57.8%、18.2%、5.0%、12.7%和6.3%。这表明，公众获取环境信息的渠道是以电视为主，以报纸为辅，公众获得环保信息渠道单一。

在建设项目的立项、可研、设计、施工、后期监督管理等阶段中，我国公众参与主要集中在可研阶段。在实际操作中，在立项阶段的公众参与程度并不高，参与效果不明显。首先在公示信息方面，并不是所有建设项目都按照法律要求进行公示，在调查中很少在环保局网站或者其他地方发现该阶段的公示信息，而且公众主动关注相关信息的积极性不高，导致公众的知情度不高，主动向环境保护行政主管部门提意见的概率也十分低，因此这是该环节的公众参与率十分低下的重要原因之一；另外，在该阶段主要是环境保护行政主管部门开展公众参与。例如，常州市某区环保局，每个月审批的项目大约有100个，在工作人员数量和地方环保能力十分有限的情况下，对所有可能对公众产生影响的项目进行公众意见调查是不可能的。

参与的效力不明显。目前听证程序只是吸收公众意见的形式之一，听证程序运行形成的结论只是决策的一个参考，对行政决策没有必然的约束力。例如，2009年南京江北垃圾焚烧发电厂的建设也举行了听证会，会上发言的20位听证代表中，支持该项目的有16人，反对的有4人，听证会结论有利于该项目建设，但是因为参与人员的选择受到有关利益方的操纵，没有获得完全的反对者意见，并未达到公众理想的效果，之后相关公众将该项目告到环保部，进行行政复议。

流域水污染控制中的公众参与的范围比较宽泛，但目前尚未建立起完备的公众参与流域水污染控制的政策体系。目前在改善自身环保行为、监督企业的环境行为方面公众参与程度较高。

综上所述，总体上我国公众的参与意识和积极性还不够高，效果尚不明显，尚未建立完善的促进公众参与环境影响评价和流域水污染控制的机制。 我国公众参与环境影响评价和流域水污染控制存在的问题包括：

（1）公众参与相关的法律保障制度不完善；

（2）环境信息公开程度不够；

（3）公众参与意识不强，参与程度低，参与能力不高；

（4）公众意见的效力有限；

（5）组织体系不完善；

（6）环境非政府组织（NGO）力量薄弱。

案例分析要点：

- 研究表明，环境影响评价中公众参与程度不足；
- 原因包括制度设置；
- 影响了项目的效果；
- 加强公众参与的必要性凸显出来。

摘自：ACEDP子项目报告“我国公众参与环境影响评价和流域水污染控制现状研究”初稿。

案例7.1.2 厦门PX事件——公众参与对环境保护的积极作用

厦门PX事件起因于2004年2月国家发展和改革委员会批准立项的，由台资企业腾龙芳烃（厦门）有限公司投资的对二甲苯（PX）化工项目。该项目选址于厦门市海沧台商投资区——福建省重点规划的两大石化基地之一，也被纳入国家石化工业发展“大盘”。预期项目总投资108亿人民币，投产后每年工业产值可达800亿元人民币，这几乎是厦门市2006年GDP的70%。2005年7月，该项目的环境影响报告书获得国家环保总局审批通过，2006年7月，项目获国家发展改革委员会核准，8–10月间即完成征地拆迁和筹备施工等。2006年11月17日，厦门PX项目正式开工建设。但由于PX化工项目靠近众多居民区以及院校等人口稠密区，其安全问题日益遭受各方质疑。2007年3月，全国政协委员、中科院院士、厦门大学教授赵玉芬发起、105名全国政协委员联名签署了“关于厦门海PX项目迁址议案”，被政协列为“一号提案”。提案指出，离居民区仅几千米的PX项目存在泄漏或者爆炸的安全隐患，必须被紧急叫停并迁址。与赵玉芬一起进行调研的厦门大学化学教授袁东星指出，“类比涤纶企业，海沧PX和PTA（对苯二甲酸）项目的卫生防护距离也应为900米。但事实是，海沧兴港花园住宅区离石化PTA项目不足500米。项目5千米半径范围内的海沧区人口超过10万，居民区与厂区最近不足1.5千米。而10千米半径范围内，覆盖了大部分九龙江河口区，整个厦门西海域及厦门本岛的1/5，建设项目的专用码头，就在厦门海洋珍稀物种国家级自然保护区，该保护区的珍稀物种包括中华白海豚、白鹭、文昌鱼。因此，该项目不仅是有关专家、学者关注的焦点，同时作为生活在拥有众多自然和人文遗产、素有“花园城市”之称的厦门城市居民，也同样给予了更多的关注和讨论。进入5月下旬，随着PX项目工程的推进，更多的信息通过媒体、网络、手机短信等渠道被披露，当地民众反应也越来越激烈。厦门市政府随即于5月30日上午宣布，暂缓该项目建设，但是大批民众不满结果。6月1日，上万厦门市民自发到市政府门口聚集，以游行的方式来表达对一个厦门市有史以来最大的化工项目的抗议。6月2日，又一批市民继续上街游行，呼吁项目停建或迁址。鉴于各方压力，尤其是普通民众的抗议，6月7日，国家环保总局副局长潘岳对新闻界表示，国家环保总局将组织各方专家进行厦门市全区域的规划环评，就厦门市的环境承载能力、城市发展定位、总体布局、生态功能分区等问题进行深入研究，并提出综合性建议。若不符合规划环评要求，包括PX项目在内的重化工项目都将予以重新考虑。

2007年12月底，福建省政府针对厦门PX项目问题召开专项会议，“已确定取消PX项目建设”。厦门市政府上星期四召开了有99名市民代表参加的座谈会，结果只有六人支持PX项目继续兴建，85%以上的代表均表示反对。福建省的所有省委常委参加了这个专项会议，会议形成一致意见：决定迁建厦门PX项目，预选地将设在漳州市漳浦县古雷半岛。

案例7.1.3　太湖流域公众参与的愿望十分迫切

苏州市居民对水环境状况日益关注，苏州市自2001年2月1日对市民举报环境违法行为实行奖励制度以来，广大市民的环境保护意识进一步增强，市民们纷纷踊跃参与，每年都有一批举报企业违法排污行为有功的市民获奖。2008年，苏州市又有36位市民因为举报企业违法排污行为有功，获得了环保部门500～2000元的奖励，奖金总额为3.04万元，所举报的36起企业违法排污行为，以废水偷排、直排、超标排放等居多。

2009年起无锡市开展聘请青年成为河道义务监督员制度，受聘青年充分利用业余时间，开展河道义务监督巡查活动，配合水利、环保部门对河道水质变化情况、河道沿线居民、企事业单位日常排污情况、河道日常保洁情况等进行定期监督，成为水利、环保部门与居民、企业之间沟通的桥梁。河道监督员制度充分体现了公众参与流域水污染控制的效力。

案例7.1.4　社会性别意识的表现

我国著名作家赵树理曾写过一个山西农村过去的小故事，讲一个外村人到村里找人，对着一户人家喊："家里有人吗?"家中的妻子回答："没人。"在当时农村一些人的心目中，当家的男性才是"社会意义上的人"，妻子只是"屋子里面的人"，不是外面的人，这家的妻子也是这样认为的。这反映了当时山西农村某些人的社会性别角色和观念。

在1995年的一次国际会议上，时任挪威首相的布伦特兰夫人曾经讲过一个故事。她说，在挪威，一个10岁的男孩子问他的母亲："妈妈，在咱们国家，男的能当首相吗?"因为布伦特兰夫人连任了三届15年首相，从这个孩子出生起，就没见过男性当首相，所以孩子提出了这样的问题。而在另外一些国家，有的小孩可能提出截然相反的问题："妈妈，在咱们国家，女的能当首相吗?"

两个不同年级的中学生在公共汽车上聊天。高二年级的男生问初一年级的女生："你在你们班排名第几?"女生答："第二"。女生反问男生："您呢?"男生回答："第四"。排名靠前的低年级女生听后安慰排名在后的高年级男生："我们老师说了，女孩子一到高中就不行了。"可见，"女不如男"的文化不知不觉地存在于学校教育中和女孩的内心中。

摘自：刘伯红．社会性别主流化的概念和特点．现代妇女，2011，359（1）：71–77。

案例7.1.5 武夷山风景区开发项目中的社会成本分析

武夷山东旅高尔夫球场（36个洞）坐落在武夷山国家旅游度假区内，工程总投资约人民币1.2亿元，施工期3年，经营年限50年，预计营运后年经济效益为650万元。该工程对周围生态环境的主要影响为营运期工程排放废水对崇阳溪水环境的影响、喷洒农药对周围大气环境的影响、植被破坏引起土地生物量的丧失、植物释放氧气的减少和水土保持功能的下降，施工期植被清理和土石方挖填引起水土流失对环境的影响，以及施工过程产生的粉尘、噪声对环境的影响。经分析，营运期喷洒农药和施工期排放的粉尘、噪声对环境的影响不重要，给予排除废水经处理后达标排放，做到对环境影响最小化，其环保投资包含在工程总投资中，不再进行经济评价。筛选后，对占用土地引起“土地生产力下降的经济损失”、植被破坏引起的“植被释放氧气量减少的损失”、“涵蓄水分功能下降的损失”和“泥沙流失量增加的损失”和“工程废水排放引起环境损失”五项进行货币化估算，各类经济损失采用费用贴现值法进行计算：

（1）施工期至服务年限土地生产力下降损失的现值为1309.11万元；

（2）施工期到服务年限植被释放氧气量减少的损失的现值为6071.60万元；

（3）施工期至服务年限涵蓄水分功能下降损失的现值为9.15万元；

（4）施工期至服务年限泥沙流失量增加损失的现值为0.85万元；

（5）施工期至服务年限工程废水排放引起水环境损失为62.33万元。

把第一项和第五项当做已分别计入征地费、补偿费和工程生产成本中，则社会成本合计为6 081万元，也就是原来的成本增加了一半。可见，因植被破坏引起区域生态系统功能下降的损失值远远大于土地占用后产出的损失值；生态破坏方面的成本大于环境污染方面的成本。这说明像高尔夫球生态型项目建设对生态破坏引起的环境间接损失值大于环境污染产生的环境直接损失值。也就是说，在项目费用——效益分析模型中，忽略环境成本，特别是生态破坏的成本，就无法有效控制资源的过度开发利用。

摘自：黄宝成．边际社会成本理论在环评中应用的实例分析．上海环境科学，2000年第6期。

案例7.1.6　社会性别在处理公共事务中的表现

从量化层面考察社会性别对于我国政策制定中公民参与的途径、政策职能结构偏好和参与绩效所带来的影响，并以社会性别主流化的视角进行讨论和解释。该研究以在中部六省进行的问卷调查为基础。调查的时间跨度为2004年8月至2006年9月。共发出问卷1600份，收回有效问卷1384份。

设计的问题是“对公共政策制定工作表达看法时，您经常采用的途径是哪些”，共有1834人次选择了答案，其中男性1137人次，女性697人次。具体结果见表7–1。

表7–1　表达政策建议途径的性别差距

政策建议途径	男		女	
	人次	百分比/%	人次	百分比/%
与熟人讨论	572	50.3	424	60.8
互联网	157	13.8	105	15.1
传统媒体	41	3.6	23	3.3
听证会	28	2.5	7	1.0
热线电话	53	4.7	25	3.6
人大、政协	43	3.8	21	3.0
各种会议	67	5.9	17	2.4
非政府组织	30	2.6	9	1.3
所在单位	81	7.1	39	5.6
信访部门	22	1.9	13	1.9
党委、政府	43	3.8	14	2.0

设计的问题是“您最希望对哪类政策发表自己的意见”，共有3379人次进行了回答，其中，男性公民2107人次，女性公民1272人次。具体结果见表7–2。

表7-2 政策职能偏好上的性别差距

政策偏好	男		女	
	人次	百分比/%	人次	百分比/%
政治	179	8.5	80	6.3
经济	234	11.1	131	10.3
教育	256	12.2	255	20.1
科技	72	3.4	33	2.6
文化	86	4.1	87	6.8
卫生	87	4.1	78	6.1
三农	243	11.5	97	7.6
城管	92	4.4	67	5.3
社保	240	11.4	166	13.1
外交	28	1.3	7	0.6
海峡两岸关系	128	6.1	51	4.0
反腐	337	16.0	173	13.6
国防军事	79	3.8	12	0.9
其他	46	2.2	35	2.8

男女机会和权利的不平等还突出表现在强迫知识女性50岁退休等方面[1]：

（1）某医院出现的相关案例见表7-3。

（2）直接导致的后果：①同年龄的男性和女性真正相差10年工龄；②虽然在50周岁时，学历和职称较高女性的工资高于男性，到60周岁时，情况就会反过来。

60周岁以上者，无论男性有无学历及专业技术职称，经济收入将明显高于女性。

1 http://my.poco.cn/space/blog/blog_details.htx&blog_id=4885251：闲说男女平等 2008-03-05

表7-3　退休待遇的性别不平等

案例人	性别	出生年份	学历	职称	参加工作时间	应退休年龄	退休时工龄	退休时工资折率/%
王某	女	1957	大专	主治医师	1982	50	27	80
沈某	男	1957	初中	无	1982	60	37	90
周某	女	1957	中专	助理会计师	1974	50	33	85
钱某	男	1957	初中	医士	1979	60	37	90

注：⑴ 依据“国发［1978］104号”退休政策；⑵ 按《关于实施〈上海市事业单位聘用合同办法〉有关问题的解释》的通知（沪人［2004］97号），颁发日期：2004年6月14日。按事业单位订立聘用合同的对象包括其聘用的专业技术人员、管理人员、工勤人员。填写过聘用制干部审批表、办理过聘用制干部审批手续的女性聘用制干部，年满40周岁起，视为距退休年龄不足10年。女性聘用制干部的退休年龄及待遇，按照市委组织部、市人事局发布的《上海市事业单位聘用制干部管理暂行办法》（沪人［1994］94号）的规定执行。

摘自：傅广宛，等．政策制定中的公民参与：途径、偏好与绩效——基于社会性别主流化的视角．江汉论坛，2008年第2期．

案例7.1.7　社会性别工具用于发展项目分析

表7-4　农村夫妻家务劳动分工情况　%

家务	做饭	洗衣	打扫卫生	照看小孩	照顾老人
妻子	81.7	87.9	68.3	56.3	49.7
丈夫	18.3	12.1	31.7	31.7	43.7
家务	教育子女	饲养牲口	拉水	磨面	针线活
妻子	49.7	53.1	31.6	46.2	97.3
丈夫	50.2	46.9	68.4	53.8	2.7

注：家务分工合计：妻子64.1%；丈夫35.9%。

表7-5　夫妻一般农活劳动分工情况　%

农活	耕地	除草	播种	收割	运输	合计
妻子	20.6	48.9	29.3	41.8	17.5	31.6
丈夫	79.4	51.1	70.7	58.3	82.5	68.4

表7-6　农户夫妻果园劳动分工情况　　%

农活	冬管涂白	疏花疏果	浇水施肥	果园打药	剪枝拉条	环割
妻子	32.4	52.8	38.2	37.9	20.1	17.4
丈夫	67.6	47.2	61.8	62.1	79.9	82.4
农活	扭梢	收果	装箱	看园	卖果	合计
妻子	18.5	49.3	51.8	31.5	43.2	35.7
丈夫	81.5	50.7	48.2	68.5	56.8	64.3

注：四川渠县两个村薪柴树种规划设计中所做社会性别分析的资料（韩伟、徐薇，扶贫项目规划设计中的性别问题探讨，四川林业科技2001年第4期）。

表7-7　性别分析用于识别问题

农户认识的社区问题	排序					
	男		女		合计	
	人数	百分比/%	人数	百分比/%	人数	百分比/%
大抓草	24	53.3	31	100.0	55	72.4
农作物品种太少	3	6.7	13	41.9	16	21.1
牛羊生病多	13	28.9	12	38.7	25	32.9
饲料不够吃	1	2.2	10	32.3	11	14.5
树林利用少、只砍柴	2	4.4	5	16.1	7	9.2
水小、管子烂、冬季缺水	8	17.8	3	9.7	11	14.5
缺电	32	71.1	28	90.3	60	78.9
养牛羊不卖，只为积肥	1	2.2	0	0.0	1	1.3
霜冻冰雹减产	14	31.1	17	54.8	31	40.8
屋里屋外卫生条件差	22	48.9	22	71.0	44	57.9
女孩上学少	2	4.4	5	16.1	7	9.2
水土流失严重	3	6.7	3	9.7	6	7.9
缺农家肥	6	13.3	13	41.9	19	25.0
缺钱	21	46.7	24	77.4	45	59.2

注：①参加大会76人，其中男45人，女31人；②全村115户，475人。

表7-8 性别分析用于方案选择

解决问题的对策	排序					
	男		女		合计	
	人数	百分比/%	人数	百分比/%	人数	百分比/%
从五星桥水电站架线引电	36	81.8	9	32.1	45	62.5
解决大抓草问题	38	86.4	25	89.3	63	87.5
养好牛羊卖钱	42	95.5	28	100.0	70	97.2
改圈	44	100.0	27	100.0	72	100.0
防雹并选耐寒作物	44	100.0	27	96.4	71	98.6
培训当地兽医	25	56.8	18	64.3	43	59.7
种脱毒洋芋	30	68.0	17	60.7	47	65.3
种草	33	75.0	17	60.7	50	69.4
管道到户，解决冬季饮水	38	86.4	28	100.0	66	91.7
送女孩子上学得到更多的项目支持	32	72.7	15	53.6	47	65.3
无偿+贷款扶持方式	38	86.4	23	82.1	61	84.7

案例分析结论：从表7-4至表7-8的性别分析数据看，男性和女性在家务管理、不同类型的农活分工及对生产、生活中面临问题和挑战的认知方面确实存在着比较明显的差别。男女发展需求的优先顺序也明显不同。在家务劳动方面，女性扮演着比男子更重要的角色；在农、牧生产的某些环节女性比男性付出更多的时间、发挥着更重要的作用。对于男性劳力外出打工的农户，女性的作用则更加重要。因此，在设计发展项目内容时，必须开展性别分析，了解男性和女性在生产、家务管理及决策中的作用。了解女性的发展需求，针对她们的需求提出发展项目、资源管理项目生计替代活动内容。

摘自：陕西眉县槐西村性别分工调查［董红，朱秋安．具有社会性别敏感性的农业科技传播模式探索．安徽农业科学，2008，36（29）］。

案例7.1.8　中国台湾性别主流化的成功经验

在台湾，性别主流化已经不仅仅是学界的观点，也不仅仅是为了保障女性权益的某种部门政策，而是属于民主政治和社会发展领域的公共事务。

20世纪70年代末台湾的女性运动就有发端；80年代后期台湾开始“解严”，结社自由度和言论空间增大，女性运动也进入活跃期。1993年开始，女性组织发挥了更大作用，与立法权互动，采用游说等一系列方法，形成对立法会的影响；1995年开始影响行政权，“行政院”成立了“女性权益促进委员会”。1996年民进党规定了领导层1/4女性比例原则；2000年国民党也做同样规定；2002年以来，在女性团体推动下，各政党承诺成立性别专责机构。可见，从90年代以后，女性权益与两性平权已经成为政治与文化的主流论述和政治的正确立场，越来越多女性投身政坛。

20世纪90年代中期以来，10年时间，台湾修法1部，立法6部。修法主要是修订了民法亲属篇，通过三次修订，改变了过去法律中有关冠夫姓、财产丈夫处分、子女丈夫监护等对女性不平等的法律规定，使民法亲属篇在权利的性别平等方面有了很大改进。立法6部，包括《儿童及少年性交易防治条例》、《性侵害犯罪防治法》、《家庭暴力防治法》、《男女工作平等法》、《性别平等教育法》、《性骚扰防治法》等。密集出台的这些相关法律，对女性的人身权利、财产权利、工作权利、教育权利、婚姻家庭权利等，给予了全方位的法律保障。

摘自：刘澄．台湾社会性别主流化的实践．中华女子学院山东分院学报，2009，83(1)：12-17。

案例7.1.9　通过参与机制改善用水效果——中英农村水利改革项目（DFID）农民用水户协会建设经验

大中型灌区是我国农业生产和农村经济发展的骨干基础设施，灌区建设与管理体制是：政府兴建取水枢纽和干、支渠等骨干设施，乡村集体和农民通过投劳集资兴建斗渠以下的田间灌排设施，所建成的灌区和骨干工程由政府组建专门管理机构负责管理，斗渠以下的较小工程及灌溉服务由乡村集体负责。这种管理体制暴露出的问题是：

（1）工程设施资产所有权模糊，所有者主体不到位，维护管理责任不清，特别是实行家庭联产承包制后，许多田间工程有人用没人管，工程老化破损没人负责维修，影响了农业生产的正常进行；

（2）田间灌水服务和水费征收等日常管理过多地依靠乡村基层行政组织，水费收缴中的搭车收费、截留挪用现象时有发生，影响了农民交水费的积极性和工程的维修；

（3）灌区工程清淤、维护、改造等工作主要通过基层行政组织布置任务，农民出工出资总是感觉在被动完成“上边”的任务，甚至误认为是“额外负担”，缺乏主人翁责任感。

上述问题在相当长的时间里困扰着农村区域发展，相关的项目也很少能收到实效。下面所举的案例来自国际组织与中国合作的项目经验，通过采用参与式方法，组织用水户协会，上述的困难都得到了解决。

政策支持是用水户协会规范、健康、可持续发展的保障。在项目实施过程中，从中央到地方的各级项目实施单位都非常重视政策的研究、制定、贯彻和宣传。2002年国务院颁布《水利工程管理体制改革实施意见》（国办发[2002]45号），将“改革小型农村水利工程管理体制”作为国家水管体制改革的主要内容之一，并提出“小型农村水利工程要明晰所有权，探索建立以各种形式农村用水合作组织为主的管理体制”，明确支持用水户协会等农村用水合作组织来管理小型水利工程。为规范用水户协会的组建和运行，水利部、发展改革委、民政部联合颁布《关于加强农民用水户协会建设的意见》（水农【2005】502号）文件，对发展农民用水户协会的重要性、指导思想和基本原则，以及用水户协会的性质、权利义务、组建程序、运行和能力建设等作了明确的指导。文件规定“农民用水户协会的登记条件和程序按照民政部《关于加强农村专业经济协会培育发展和登记管理工作的指导意见》等文件中的有关规定执行”，明确了农民用水户协会作为农村专业经济组织的地位及其应享受的权利，方便了用水户协会的登记注册。

1995年，签订的“世界银行贷款长江流域水资源项目”《项目协定》，正式提出在项目区建设以用水户协会（WUA）为主要形式的，法律上自我管理、自主经营，经济上自我维持、自我发展，农民用水户参与管理的灌排区。这一协议得到政府的支持，农民用水户协会从乡镇政府接管了水利设施的所有权。用水户协会的五项原则是：

（1）农民用水户协会是农民自己的组织；

（2）农民用水户协会应按照同一水源配水系统的水利边界划分；

（3）协会的取水口处应设有较为准确的量水设施；

（4）协会向会员收取水费，并直接向供水单位交纳水费；

（5）农民用水户协会应拥有可靠的水源和较完善可靠的供水配水系统。

组织管理机构参见图7-1。

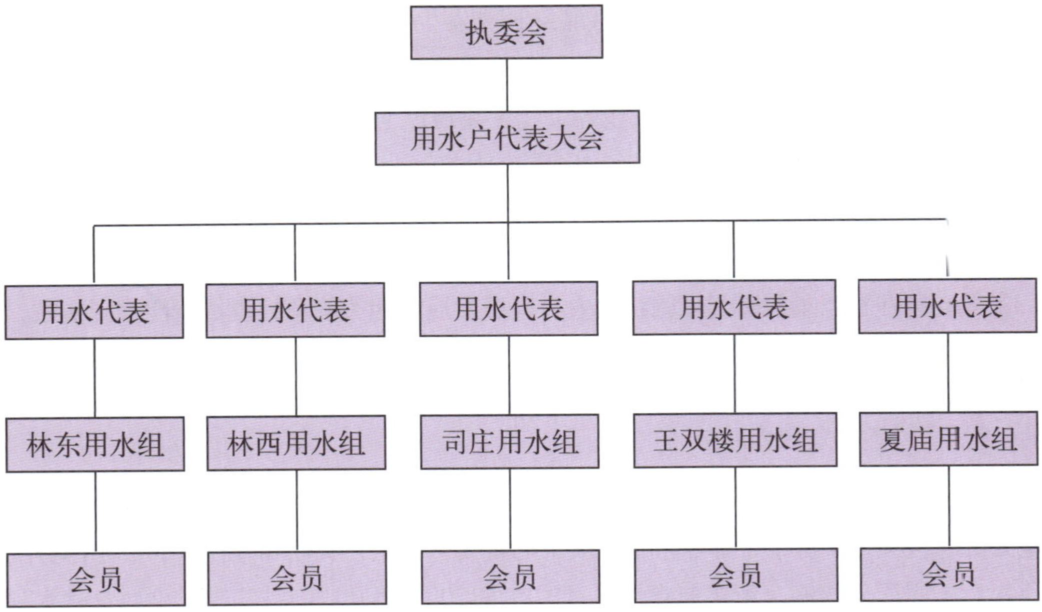

图7-1　农民用水户协会组织机构

用水协会的组织情况见表7-9。执委会是协会的执行机构，执委会主席是协会的法人代表。执委会在用水户代表大会闭会期间主要行使以下职权：负责协会的灌溉调度，平衡用水户之间的利益，解决水事纠纷，编制年度预决算报告，提交用水户代表大会审批，并向代表大会汇报工作。执委会经选举产生后，根据其成员的特长，进行分工并规定了相应的工作任务，如某用水户协会，对当选的5名执委会委员进行了分工（表7-10）。

表7-9　调研农民用水户协会组织情况

序号	是否按水文边界划分	协会主席身份	耕地面积/亩	灌溉面积/亩	执委会成员/个	用水组组长/个	规章制度	银行账户	办公场所
1	是	现任村干部	5160	4200	11	26	有	有	租赁
2	是	普通农民	5300	2300	8	16	有	有	自有
3	是	普通农民（曾任村干部）	7310	6975	7	10	有	有	自有
4	是	普通农民（曾任乡干部）	15760	13660	9	16	有	有	自有

注：（1）规章制度包括用水户协会章程、工程管理制度、用水管理制度、财务管理制度、水费征收使用管理办法、奖惩制度等。
（2）数据来源：根据调查资料整理。

表7-10　某农民用水户协会执委会成员分工

职务	姓名	职责
主席	王某	主持协会全面工作，负责四斗渠上段管理
副主席	张某	主管斗渠和农渠的整修工作，并负责四斗渠下段管理
委员	王某（女） 张某 王某	主管协会财务，并负责管理一农（渠）用水 主管档案管理和会议记录，并负责二农（渠）用水 主管协会成员考勤和农民修渠考勤，并负责管理三农（渠）用水

数据来源：根据调查资料整理。

农民用水户协会成立后，协会章程及各项管理制度包括：财务管理制度、灌溉管理制度、工程管理制度、水费征收使用管理办法、奖惩制度、执委会主席和副主席职责等。用水户协会为会员进行用水管理，提供灌溉服务，并组织会员通过集体行动维护灌溉设施的长期使用。协会的工程管理和灌溉管理制度，使灌溉工程设施及配套建筑物的管护、维修、改建的劳务与资金分摊、用水计划管理、水费征收、会员用水矛盾协调及违规用水的处理等问题有章可循。

用水户协会管理的特点：

（1）计划用水。用水户在用水前向用水组提出申请，用水组向协会提出申请。每年年初用水户协会应根据各用水小组、用水户的用水需求，编制协会当年的需水计划，向供水单位申报，并与供水单位签订供用水合同。

（2）协会根据“自下而上”的申请，与供水单位签订供水协议后做出“自上而下”的安排，根据种植作物品种、天气状况、年度需水量和可供水量的实际情况，采取必要的措施进行调度。2004年麦收后旱情十分紧急，在水库水源紧缺的情况下，某用水户协会用提灌站日夜不停地提水，实现抗旱保苗2万亩。2005年夏种夏管时，白天电力严重紧缺，协会夜以继日地开机提水，开机5天即保证了50%以上夏苗的播种用水。

（3）灌溉优先序。正常时，多采用先上游后下游的次序。而在旱情紧急时，用水户协会也会安排先远后近、先下游后上游，但需要通过用水组长通知到户，做通会员工作，灌溉时更需要加强监管。相关调查中，82%的被访农民对灌溉次序表示满意，某用水户协会覆盖区域的灌溉周期由组建协会前的18天缩短到现在的12天左右。

（4）水费计量。供水单位向用水户协会供水时，由双方工作人员共同在协会取水口

（如斗渠口）监测计算实际供水量，并做好记录，作为水费计算依据，一般采取按面积均摊用水量，即按亩收费方式。用水户协会水费收取按照用水户→用水小组→农民用水户协会→供水单位的交费流程，一般采用先预收水费，灌溉后年底结算的方式。用水户不交费就一点不能用水，只要用水就要全交费，因为没有办法详细核算所用的部分水量。

用水户协会的特征是自主管理。水费收取要求做到"三公开一到户"，即"水量公开"、"水价公开"、"水费公开"和"开票到户"，水费由用水组长收取上交用水户协会，票据使用用水户协会统一收据，不能无据收费，不准对用水户打白条，所收水费由用水户协会专账专人管理。调查发现，用水户协会收取水费时相对较容易，因为各用水组内的社会关联度高，只需凭借村庄舆论的力量，就足以防止少数用水户的搭便车行为。

(5) 协会每年编写岁修计划，合理安排时间，组织会员通过集体行动进行疏浚沟渠等较大的土方工程，并明确在危及安全的情况下进行紧急抢修的措施，保证灌区内水利工程的安全运行。

(6) 用水户协会执委会成员和用水小组长的误工补贴，由用水户代表大会讨论决定，根据按劳取酬的原则，误工即补，不误工不补。

(7) 所调查的农民用水户协会均实现了当年收支平衡或有细微节余（1000元以下），没有发现超支和亏损。

实地调研的82个被访普通农民中，81.7%表示参加过用水组长和执委会选举，大部分被访农民对用水户协会的章程和管理制度表示知道一点（占45.1%～63.4%）。

调研结果证实，通过农民用水户协会的运行，与没有协会以前相比，农民用水户通过参与灌溉管理得到了明显效益：

(1) 由于协会在每次灌溉前组织会员参与清淤和工程小修，使得水利工程得以有效维护，提高了灌溉水的利用效率，灌溉周期缩短3～7天，用水秩序得以改善，用水纠纷从以前的每个灌溉周期2～5起减少到几乎为零。

(2) 由于灌溉水利用效率的提高，节约了灌溉水资源，减少了灌溉用水量，用水户负担的水费支出有所降低；同时，一些原来需要提灌的地区由于灌溉工程的良好运行实现了自流灌溉，水费节约程度更加明显；用水户的灌溉设备购置成本也相应降低200～500元；水费收取率由以前的40%～60%提高到85%～100%。

(3) 协会根据用水计划与供水单位签订供水协议，使得灌溉用水得到保障，农作物产量得以提高；一些农户还调整种植结构，如改旱作物种植为水稻种植、蔬菜种植，增加了农作物产值。

(4) 由于协会安排人员组织灌溉，用水户所需灌溉劳动力平均减少1～3人，减轻了灌溉劳动强度，因此外出务工人员相应增多，间接上增加了农户的工资性收入。

（5）协会对女性和贫困户、无劳力户等弱势群体提供关怀，这些弱势群体从中受益更加明显，如贫困户可以得到水费减免，无劳力户可以不用亲自到田间灌溉，女性的劳动强度得以减轻，家庭地位得以提高，等等。

摘自：长江论坛，cjw.com.cn/ad/yangtaeforum/detail/20080904/105553.asp.

案例7.1.10　女性平等参与水资源管理的策略和方法

2004年9月开始实施的“面向贫困的农村水利改革项目”，由英国国际发展部(DFID)资助，由世界银行、中国国家农业综合开发办公室和中国水利部共同完成。其目标与案例7.1.9相同，即通过建立参与式的农民用水户协会，该项目为期五年。该项目采取了以下行之有效的方法来促进农村女性积极参与用水户协会，取得了显著的效果。

1. 社会性别需求调查

2004年8月，当项目刚刚启动时，世界银行组织专家前往湖北（水利部项目区）和河北（农发办项目区）进行社会性别调查，了解项目区目标群体的社会性别关系以及分析这些社会性别关系对于项目实施的含义；了解女性参与用水户协会的情况以及女性在用水户协会中的作用，评估了用水户协会对农村女性的影响，尤其访问了村里的贫困户等弱势群体，为制定切实可行的项目性别平等策略奠定了基础。

2. 制定性别平等策略

根据性别需求调研结果，中央项目办制定了性别平等策略，促进农村女性在本项目中的平等参与和受益，满足女性的现实需求和战略需求，该策略主要包括以下五项内容：能力建设、机制保障、伙伴关系、监测评估、示范推广。

3. 对各级项目办工作人员开展能力建设活动

实施性别平等策略的第一步是对各级项目办人员进行性别平等意识和方法的培训，使项目办的同志理解性别平等的含义，认识到农村女性对于农业发展和灌溉管理的重要性，并掌握促进女性发展的方法。中央项目办在项目期间组织了三次大规模的项目培训。培训除了邀请专家讲授项目管理知识、用水户协会的组建和运行知识，还特别邀请世界银行的性别专家作了题为“促进灌溉管理中的性别平等”的报告。除了中央项目办组织的培训，各省级项目办以及省级以下项目办还对本级项目办和下级项目办工作人员进行了社会性别及其他与项目相关的培训。

4. 建立农村女性参与用水户协会的机制

许多国际经验证明，为确保女性的参与，必须为女性的平等参与创造一个制度性的安排。在中央项目办的领导下，各级项目办积极努力，建立了很多机制促进女性的参与，其主要目的是加强农村女性参与的能力，扩大农村女性参与的机会。在政策层面，经过中央项目办和性别专家的努力，在水利部、国家发展改革委、民政部2005年联合颁发的《关于加强农民用水户协会建设的意见》第五条，加入了以下陈述："要有意识地发现和培养女性骨干，更多地发挥女性在用水户参与灌溉管理中的作用"。

其他主要的机制还有：

（1）在各级项目办设立一个性别平等协调员，专门负责发动女性和对女性进行能力建设，推动女性参与用水户协会。

（2）在各级项目领导小组中包含妇联的成员，指导项目中发动女性的工作，提供技术支持和对项目办人员及协会女性提供培训。

（3）为了增加协会中女性会员的比例，各级项目办在组建协会、进行发动宣传时，特别强调用水户协会的会员不应该只是家中的户主，而是参加农业生产较多的人，尤其是女性。女性有权利也有资格成为农民用水户协会的会员，女性会员的参与比例要达到30%以上。

（4）为了保证女性在用水户协会决策和管理中的职位，各级项目办规定在用水户协会的执委中，至少有一名女执委。并且，中央项目办要求基层项目办注意并挖掘合适的农村女性担当协会的领导职位，对于女性协会领导人要给予更多的关心、鼓励和支持。

（5）为了增强农村女性参与的机会，提高农村女性灌溉管理的技术水平和用水户协会的管理能力十分重要。因此，中央项目办要求各级项目办在对农民和协会会员进行培训时，女性参加培训的人数必须占到30%以上。

5. 与女性组织建立合作伙伴关系

国家农发办和水利部毕竟不是推动和促进女性发展的专门机构。因此，在促进女性参与用水户协会的技术能力方面还存在欠缺，在项目区进行大规模的发动女性工作还存在力量上和方法上的不足，也缺少有效发动女性的经验。因此，在世界银行的支持和推荐下，中央项目办与北京的一家专门从事农村女性教育、培训、宣传的非政府组织"农家女"建立了联系，利用"农家女"的知识、技能、经验促进项目区农村女性的发展。"农家女"在所有项目省开展了针对农村女性的培训，取得了很好的效果，极大地调动了农村女性参与协会的积极性和信心。"农家女"老师极富感染力和激情、参与互动式、深入浅出的讲解，使学员理解和掌握了社会性别的概念，认识到了农村女性所处的不平等环境，激发了她们参与社会事务管理的信心和决心，也转变了男性农民对女性的传统看法。不仅使用水户协会的男女会员受到了深刻教育，也使农发系统的项目工作人员受到了很好的教育和启发，也是对项目办人员的又一次能力建设。

6. 项目办对农村女性的宣传教育和培训

除了具备热情和积极性以外，农村女性要想在用水户协会中真正起到管理和领导作用，必须具备与用水户协会相关的技术知识和管理知识。因此，中央项目办要求各级项目办在对农民进行的各种项目培训中，女性参与的比例不得低于30%，并且通过项目的监测评估系统对女性参与培训的情况进行监测。各级项目办根据女性的需要，组织了各具特色的宣传和培训活动。中央项目办还与中央电视台“半边天”节目合作，以河北省项目区女性参与用水户协会为素材，制作了VCD宣传片，在中央电视台播出，并成为了项目区的宣传资料。

7. 监测与评估

为了跟踪和了解女性在用水户协会中的参与情况，在项目的监测评估系统中设计了分性别的指标，为分析女性参与情况提供了依据。对于数据显示女性参与程度较低的项目区，项目办工作人员会及时分析原因，找出提高女性参与比例的措施。纳入监测评估系统的主要性别指标有：

- 执委会成员中女性所占比例；
- 用水组组长中女性比例；
- 会员中女性比例；
- 女性参与的培训量；
- 外出务工女性人数。

8. 示范和推广

根据项目设计，项目所建设的协会包括示范型协会和推广型协会。示范型协会是建设得比较好的协会，可供其他协会进行参观学习。推广型协会是在示范型协会周边地区学习示范型协会建立起来的协会。在示范和推广协会的建设过程中，各级项目办非常注重示范和推广女性参与用水户协会的内容。在示范和推广协会接受考察和访问时，都会特意安排女性执委或者会员参加，向来访者介绍自己的协会，表达自己对协会的意见以及自己的看法和感受，回答来访者提出的问题。

9. 女性参与协会的效果和影响

以上措施和方法，有效地加强了各级项目办工作人员的社会性别意识，极大地调动了农村女性参与的积极性和热情。项目在推动女性参与方面取得了以下的成绩和影响：

（1）女性用水户协会会员、用水组组长、女执委的比例有所提高。

（2）项目给农村女性提供了大量的培训机会，提高了女性的素质和能力。

（3）减轻了农村女性进行农业灌溉的强度，提高了灌溉的保证率，从而提高了女性的农业生产率。

（4）女性参与灌溉管理可以提高能力，增强对男性在家劳动的替代性，促进男劳力外出打工，从而提高了家庭收入。

（5）女性参与灌溉管理促进了节约用水。

（6）女性参与促进了水费收缴率的提高。

（7）女性参与促进了对贫困农户的扶持，促进了这些农户的脱贫。

（8）项目办工作人员加强了性别平等的意识和动员女性的能力。

（9）完善了促进女性和弱势群体参与机制建设。

案例7.1.11　通过参与式方法改善小流域治理——中国小流域治理管理项目[1]

“中国小流域治理管理项目”自2004年3月启动，是由中英两国政府提供资金，世界银行提供管理支持，水利部组织实施的国际合作项目，项目主要目的是完善黄土高原水土保持世行贷款项目的监测评价体系，研究开发以扶贫为重点的小流域治理模式，并在中国和其他国家的类似项目中推广。项目在甘肃省黄土高原水土保持世行贷款项目区的环县、华池、崆峒、静宁四县实施。

该项目的主要内容有：应用参与式方法，改进和完善黄土高原水土保持的监测和评估体系。流域管理项目的特点是，流域管理的目标不仅是区域或地块，而且包括社区；不仅是沙土草木，而且是农户家庭。在这种情况下，通常所提到的项目的经济、社会、环境效益就突出体现为环境效益不能离开社会和经济效益而单独存在。因此，流域管理项目必须注重目标流域内利益群体的利益，找到这些利益与水保目标之间的一致性和平衡点作为项目设计的依据。流域管理项目在项目规划、实施、监测和评估等各项措施中都突出使用了三种技术，即参与、谈判和整合。这三种项目技术贯彻在流域管理周期的各个环节，这三种技术之间又有相互的联系，即谈判和整合都是特定群体或特定形式的参与。因此，流域管理项目要求在项目周期的各个步骤都要保证参与的有效性，保证弱势群体即社区、农户特别是贫困农户和女性的参与。

参与是指农户、社区和小流域（几个社区）的农户在流域管理规划、实施和效果监测中的参与。农户参与侧重生计问题、社区层面综合公益问题、小流域中的多个社区共同可以分担或制订统一的生态水保项目标准和规划。在项目周期的各个环节要以制度的形式来保证目标群体的参与，不仅有参与的机会，还要保证参与的有效性和深度（表7–11）。

按照规划程序，各县都做了大量的到村入户宣传工作，以准备农户和社区的参与。以甘肃省环县项目区的示范小流域为例，这个小流域总面积26.82平方千米，共4个行政村，规划起点时间共有受益群众511户，2485人。在这个小流域里，环县英赠项目办投入

1 刘永功，刘燕丽，等．参与式小流域管理培训教程．北京：中国水电出版社，2008．

了三个月的时间（2006年6—9月）进行宣传，每个村的到户宣传都有2～3次，提出的口号是“村不漏社、社不漏户、户不漏人”。项目办不仅使用了宣传画、宣传资料、召开村小组会和村民大会（此前这些村已经有好几年不召开村民大会了），而且还特别强调要领导到场来增强宣传的力度。据项目干部讲，第一次宣传只起到了心理的准备作用，人们知道有这个事，但并不确信；到了第二次，农户心理就会产生信任感，并对项目有了期望；到了第三次，农户就会很乐意来了解项目，并产生参与的渴望。由于社会和文化传统在起作用，干部到场会使农户和社区对项目的重视程度陡然提高，他们会认为，“政府出面了，看来是大事”，在此基础上，信任感也随之而来。

表7-11　参与式流域管理项目中的参与环节

项目活动	参与主体	参与的内容
宣传动员	县项目办、村干部、农户	● 发放宣传资料 ● 组织社区骨干培训 ● 召开村民大会 ● 领导到场讲话
社区讨论	村干部、农户、规划技术人员	● 问题分析 ● 利益相关群体分析 ● 找出并分析解决问题可能的途径
入户调查	农户、规划人员、村干部	● 家庭生计分析 ● 家庭困难分析 ● 可能参与的项目分析
确定项目清单	规划人员、相关职能部门技术人员、村干部、农户	● 确认各类项目的可行性 ● 对比项目要求，平衡各类项目的资金投入 ● 各方谈判达成一致的项目清单

以环县高沟小流域为例，地处山区，地广人稀，每平方千米人口是91人，人均有坡耕地6.8亩，荒山荒坡面积23000亩，自2003年以来，退耕还林工程实施荒山造林10000亩，并实行了封禁管护。另有12000亩荒山没有实施造林工程。当地农户畜牧业收入占其总收入的30%左右，长期以来形成了放养习惯。虽然当地实行了封禁管护，但农民有个习惯，就是不在造林的山上放牧，而在没有造林的山上放牧，他们认为是天经地义的事，谁也管不着。羊畜上山放牧屡禁不止，过度放牧，植被非常差，管护难度大，造成严重的水土流失，坍塌，滑坡时有发生。

水保项目的本意是改善环境，环境改善的受益者应该首先是当地的农户。农户之所以不欢迎水保项目，原因还是因为不理解水保与他们生计的关系。一些水保项目受到农户抵触的原因，是这些项目理所当然地认为农户应该服从大局，为项目做出贡献甚至作出牺牲。例如，一些项目要求在农户有限的梯田里面种上树，减少了粮食产量，当然农户要反对。

项目的核心理念是关注环境改善与流域社区居住者的生计改善之间的联系，以替代生计为手段，将改善生态环境与流域社区群众相结合，以生计改善促进流域生态环境的改善，将发展建立在环境友好型举措上，走可持续发展的道路。流域管理项目不仅要解决水保项目的可持续效益问题、农户的替代生计问题，还应包括项目所秉承的理念的传输。比如，作为英赠项目来说，应将建立贫困-生计-环境之间关联的意识也作为项目参与式流域规划的重要产出之一。

针对“没有钱花、种粮食劳动强度大、粮食产量低”的问题，首先由表及里，引导群众认识问题的根源是水土流失以及生计方式与环境的关系：黄土高原地区沟壑纵横，地形破碎，是水土流失形成的，陡坡耕种，劳动强度大是自然的。陡坡耕种，土地跑水跑肥，不仅产量低，还加剧水土流失；养羊（生计手段之一）是一种增加经济收入的手段，但自由放牧，不仅跑的路越来越远，草越来越少，越养越难养，而且造成更大的水土流失。分析问题的同时，引导群众认识到自身哪些生计方式还会造成水土流失。在此基础之上，提出水土保持这一总体解决方法。接着从因果关系出发，以替代生计理念为指导思想，动员和启发群众说出他们认为有利于保护环境同时提高生活水平、增加收入的办法，比如封禁与项目舍饲养畜（项目资助畜棚建设与提供良种牛）的结合，梯田建设，饲草种植等。这样，既增强社区村民的环境意识，加深对项目举措意义的理解，也为项目的下一步顺利实施创建了良好的社会基础，因为这些举措是农民所乐于接受的。

作为一个项目，不可能解决一个流域内所有的问题。英赠项目在筛选项目内容时，强调了措施与环境改善之间的紧密关联性。因此在参与式规划活动启动之时，需对村民将项目要求解释清楚，以避免误解，挫伤其参与的积极性。

替代生计对政府的生态项目提出了新的要求，就是必须保证当地农户的生计能力不降低。生计概念本身是由农户为单位的，也就是不同的农户可能有不同的能力和谋生手段，面对同一个生态水保项目可能需要合作的形式不同，所受到的影响也不同。英赠黄河中上游小流域治理示范项目的做法是项目规划人员不仅深入到社区组织农户参与规划，而且提出“不能落下一户”，他们真正做到了入户调查，制定了针对每一户的生计替代项目，实现了替代生计的理念（表7-12）。

替代生计的项目能够发挥多方面的影响，这些影响有利于水保项目的生态效果。以集水场为例，至少起到解决饮水问题、提高饮水质量、节省劳动投入、提供晾晒场地、美化庭园环境等多方面的作用。通过解决饮水问题，直接解决了家庭中牲畜的供水问题，提高了庭园生产力，缓解了环境负担，最终有利于生产方式的转变以及环境的可持续发展。梯田项目对生态的贡献很明显：农民最基本的生产资料——土地，得到了有效合理的利用，吃饭问题解决了，就不再去开荒种地破坏环境了。

表7–12　参与式流域管理项目中的替代生计项目示例

项目活动	立项依据	实施与效果
水窖、集流场	项目区多年平均降雨量为380毫米，原来农户建的都是土窖，上面铺盖简单的盖板，存在漏水、塌陷的危险，曾经多次发生人掉进水窖被淹死的事故，农户都没有修建集流场，雨水掺杂着泥沙直接流入水窖，有些农户把水窖建在道路旁，收集道路积水，用水卫生更无法保证。项目区更有贫困户无钱修建水窖，只能用牲口拉山沟底淤积的雨水，拉一趟用水，一个来回最近的农户也得用1个多小时，并且由于山沟积水也供牲畜，人饮后易引起交叉感染致病	环县高沟水窖、集流场的规划，优先保证贫困户。规划修建水窖523处，受益农户511户，受益率达到100%。实际完成523处，占原计划的100% 解决了农户吃水问题；节省了时间；改善水质；农户的庭院也变得平整、干净漂亮了，不收水时农户可在集流场上晾晒农作物，既方便又干净
梯田	项目区人均有坡耕地6.8亩，而梯田面积不到1.2亩，正常年份两者亩产相差100千克，坡耕地亩产只有60千克。广种薄收的习惯推动了开荒种地，进而造成水土流失，陷入越垦越穷–越穷越垦的恶性循环，广大农户普遍贫困，修梯田的愿望十分迫切 梯田建设除提高单产外，还可以保水保土，减少水土流失，梯田的保水保土率可达85%；同时可大幅度降低劳动强度，节约劳力，用于外出打工或发展其他产业以增加农民收入	环县高沟梯田建设的规划，按照人均4亩梯田的总体部署，地点和规模由农民自己来定，一次规划到户、到地块；围庄就近，便于耕作，以人均4亩为上线，扩大受益面，做到群众满意。规划梯田2944亩，受益农户408户，占79.84%，实际完成3 109亩，超额165亩
铡草机	项目区农户人均年收入906元，生产、生活条件差，没有机械化农具，严重依赖畜力。为了饲养牲畜，铡草工作繁重。农户使用铡刀手工铡草，每次铡草需要两个人配合着干，容易出现送草人手被铡的事故 铡草机的好处是，节省劳动力，一个人就可铡草；铡草效率高，每小时机铡草量是人工铡草量的4～6倍；铡草的安全性提高	铡草机分项目作为暖棚分项目的配套项目，优先保证贫困户每家修建一座暖棚的基础上，配套一台铡草机。规划中农户受益率达到26%，每台铡草机由英赠项目投资300元，剩余购机款由农户自筹解决。实际购回、下发铡草机131台，占原计划的100%

项目实施中的参与能够保证实施的效率和效果，这种参与必须是全方位的，要包括政府、部门的基层、乡镇干部、村干部、农户。这些不同利益群体在项目实施中的参与必须统一在项目框架之内。表7–13展示了按照英赠项目的制度设计，各利益群体在不同项目实施中的参与活动。

表7–13　项目实施中的参与

项目活动	参与主体	参与的内容
资源整合	县政府主管领导	依据参与式项目规划需求，组建资源整合的制度平台
	县项目办	根据规划和实施进展，协调各部门资源的投入
	县相关部门	针对特定项目投入资金和技术人员
县实施项目（桥涵、道路、饮水工程、农电、提灌站、相关能力建设）	县项目办	组织招标和验收；监督中标单位所采购材料
	相关部门	参与招标和验收
	村实施管理小组	参与招标和验收；组织农户投工；协调解决涉及本村的问题；监督中标单位所采购材料
	农户	监督工程质量
村实施项目（梯田、造林、经济林、涝池、沟头防护、农机具购置、防疫设备购置、学校音体美设施购置、相关能力建设）	县项目办	技术指导和全程监督
	村实施管理小组	项目管理；招投标及组织实施；对项目实施全过程记录；保证女性参与
	农户	解决自筹资金部分；投工；监督全过程
农户自营项目（种草、水窖和集流场、投牛还犊、商品牛生产、畜种改良、牛棚、猪舍、沼气池、地毯加工设备等）	县项目办	技术指导和监督
	村实施管理小组	与户签订单项措施合同；负责项目管理
	农户	依照《参与式财务管理手册》进行采购和申报；负责工程的实施

农户参与过程也引入先进的项目管理方法，如招标法。高沟示范流域的梯田建设面广量大，实施以社区为主体，采用当地竞标的采购方式，招标推土机。2006年3月19日开始，在县项目办的指导下，各村的实施小组履行了招标程序，3个村共分19个标段，报名参与竞标的承包商多达47个，村实施小组对每个承包商的资格进行了审查，填写了承包商资格审查登记表，发送了梯田招标文件。4月9日，在县项目办工作人员的监督指导下，这3个村共同召开招标大会，报名参与竞标的47个承包商向大会介绍了自己的机械状况、人

员配置、施工方案，29个承包商将自己的机械开到大会现场，让评标人员和群众现场选择，评标人员根据承包商的报价，在听取承包商介绍情况和群众意见的基础上，认真履行自己的职责，现场打分，现场公布结果，评出19个承包商，现场与他们签订了合同。

项目区涉及樊庄、乔嵝岘两个村，9个村民小组，346户，1594人。项目五年（2007—2011）规划实施基础设施、环境治理、生计改善、能力建设四大类、22个子项目。计划总投资658.8万元。其中：英国赠款290万元，部门整合143.88万元，群众自筹143.27万元，投劳折资81.65万元。

2007年4月以来，在上级项目执行管理机构的精心指导和大力支持下，项目区干部群众充分推广运用参与式方法理念，坚持以社区为主导、群众为主体，紧紧围绕流域内自然资源合理利用、生计条件和生态环境改善、相关群体提高三大目标。狠抓示范工程实施，圆满地完成了2007—2008年建设任务。截至2008年6月底，实施子项目22个（英赠12个、整合10个），其中：整修梯田145.88公顷，荒山造林401.8公顷，人工种草104.47公顷，退耕还林33.9公顷，打水窖455眼，建集流场145处，牛棚164座，猪舍33座，种牛引进100头，栽植经果林58.56公顷，建沼气池109口，购置铡草机42台，完成女性病普查29人，农村合作医疗1451人，农民技术培训343人（次），女性技能培训225人（次），建培训基地1处。完成投资553.33万元，其中：英赠投资290万元，占计划的100%；部门整合65.67万元，占计划的106.2%；群众自筹125.42万元，占计划的97.5%；投劳折资72.24万元，占计划的108.4%。

项目的顺利实施，极大地改善了项目区的生态环境和生计条件，各级实施管理人员的工作能力得到显著提高，社区自我组织、自我发展、自我管理的意识明显增强，社区主导的小流域治理模式已经形成，项目效益正在逐步显现。

案例7.1.12　太湖地区在国际组织帮助下进行社区参与污染控制试点

2000年12月和2001年6月南京大学和丹阳市环境保护局、阜宁县环境保护局合作，在江苏省丹阳市和阜宁县开展了社区污染控制报告会试点研究。研究者在两个试点城市选取了一定数量的示范乡镇定期召开社区污染控制报告会。

1. 宣传、策划、筹备阶段

社区污染控制报告会是政府、企业、社区三方共同参与的会议，三方代表的选取和组成是会议宣传、策划、筹备阶段的主要任务。

2. 会议组织实施阶段

在此阶段，主要是由政府主持社区污染控制报告会。会上，政府、企业、社区可以从各自关注角度对共同感兴趣的环境事务进行正面交谈和讨论：政府说明相关情况；企业作出承诺；社区代表质询并讨论。

3. 会后评议和总结阶段

会议结束后，环境保护机构应当及时总结会议内容，并及时将总结报告向公众发布，使得公众可以与环境保护机构共同监督企业环境行为和企业环境保护承诺的履行情况。

出现的问题：

（1）由于参加报告会的企业选择面过大，大多数到场居民代表与该企业无直接利益关系，缺乏相关企业的环境行为信息，所以居民代表往往只能泛泛谈论本地区的环境现状或者政府管理状况，而不能有效地对到场污染企业进行质疑，从而未能在现场实施强大的舆论压力；

（2）选出的企业皆为效益较好，环境状况符合环境标准的大型企业，而居民的意见主要集中于对环境危害最大的小企业和无证经营的私人小作坊等；

（3）会前宣传中鼓励公众收集相关资料并事先进行广泛讨论，宣传资料的内容还可以扩展到一般的环境知识，尤其是当地常见的污染物对人体及生态环境的危害。

需要改进的地方：

（1）在会议中应重视对居民的鼓舞和承诺，引导公众和企业直接交谈和沟通；

（2）定期统计乡镇居民的个人信息，建立数据库以按照一定的分类标准和比例随机选取参与的居民代表。

摘自：世界银行和江苏省环境保护厅联合资助项目(2002079) [王远,等. 环境管理社区参与研究——社区污染控制报告会.中国环境科学，2003，23（4）]。

7.2 澳大利亚案例

案例7.2.1 健康的排水项目

在Victoria州，墨尔本水组织启动了一个名为“健康排水”（Health Waterway, HWW）的项目，这个项目的目标是：到2026年，我们的排水网和流域将成为健康生态系统，有益于居民及来访者的生活，这些将会通过社区、政府和企业的合作来实现。

志愿者精神是实现健康排水项目的核心。健康排水项目是一个智慧用水的项目，它向公众呈现的是一个拥有多元目标的综合行动框架。这个行动计划中，包括一些子项目，如自发建立了1万个家庭的雨水下渗绿地。健康排水项目志在使社区参与保护和恢复排水网，因为污染来自居民，没有态度的改变不可能防止污染。经验表明，通过地方行动和地方知识来解决地方问题，公共意识将会找到廉价且有效的方法。提高社区教育和意识所需要的费用相比治污设施要少得多，而且是可持续的。

健康排水项目通过让在校孩子们参与取水样、检测水样以及监测污水等活动来监测小溪和水流的水质状况。参与这些活动以后，学生们不仅增长了相关知识，他们还把这些知识和方法与他们的家长和朋友分享。实践证明，这个过程是一个有力、有效且相对来说更廉价启动社会环保意识的方法，并且能够找到对地方居民重要的地方知识来解决问题。一些情况下，这种方式为在地方营养物污染、防止乱扔垃圾运动和阻止蓝藻等目标之间建立联系。

案例7.2.2　社区参与暴洪管理

随着城市空间的延展，迫切需要对雨水进行妥善处理。由于排水系统不畅使垃圾和生活污水进入排水系统从而进入湖泊、小溪或河流。这些现象促使社区产生更有效地管理雨水的需求，他们认识到：

（1）雨水处理设施的投资十分重要；

（2）通过加大雨水处理设施的投入能够使社区更满意；

（3）更多的社区需要参与这些活动。

澳大利亚90%的人口住在城市，它是世界上城市化率最高的国家。因而城市内雨水收集处理也非常重要。直到最近，澳大利亚人才认识到光靠政府和专家是不能解决城市雨水收集处理问题的。同时，他们也认识到，传统的城市雨水收集管理模式是通过建立更大更好的排水管道从而尽快地把雨水从城市地区排出去，这种方式并不是最好的方式。

澳大利亚城市雨水收集处理方式快速改变了。硬化街道加上排水设施的雨水应对方式必须被其他的方式来取代。政府出台政策加强对保护地周边土地占用的管理，这些保护地往往受到城市扩展的巨大压力，这样就形成了一个因水制宜的城市发展理念，从而也增强了社区对于更好代替方式的意识。

因水制宜的城市设计理念得到社区、水管理专家和政府的土地利用规划师的认同与合作。其结果是找到了代替以前的路边排水方式的更多的方法。民众的态度也发生了转变。人们认识到雨水收集处理方式改变的价值，从收集和使用雨水中受益，更多的水对城市的发展是有益的。例如，雨水收集管理可以促使小块城市内湿地的建立，它能够收集雨水形成淤泥。城市雨水花园和有机渗透池等居民的新发明受到了欢迎，因为这些方式的管理和维护都很简单，费用也很低，有利于营养物的排出并且也降低了下水道拥堵的风险。

社区从这些现场处理水的方式中显著受益。此外，它们还可以带来美的享受，人们可以得到更好的散步和休闲的空间，消费者满意度极高。人们对于处理污染物有了更积极的认识。这些受益使业主的土地资产升值，从而促使社区更愿意投资以户为基础的雨水收集处理设施。经过一段时间，澳大利亚的城市居民逐渐认识到城市湿地比起其他污水处理方式更划算，即使在土地价格高且机会成本大的情况下也是如此。为了解决城市湿地设施带来的成本，城市土地利用规划师为湿地寻找更适合的位置，如一些不宜于做其他产业，或者地块价格较低的地区，如交通枢纽周围、高速路大桥处、地下能源通道或者泄洪区内。

因水制宜的城市设计中包含着几项对GPS很重要的启示。第一，城市社区纳税人（居民）的信任是促使城市雨水收集管理进行改变的重要推动因素，同时专家知道他们在做什么并且及时提供了相应的技术指导。第二，这种信任来自各方间的对话，以各各相关方对更美好未来的信心分享。第三，启动社区教育和提高意识极其重要。政策制定者和技术专家应该深入到社区中演示他们所知道的更好的更科学的做法，这些新做法和受益都会在社区中传播。第四，人们对于社区参与和社区承诺的重要性有一致的认识。第五，各方合作者中的领袖必须要在利益相关群体间保持清晰、经常的沟通，利用一切机会通过合作关系来促使环境条件、社区健康和社区风险管理得到提高和加强。

案例7.2.3　澳大利亚社区和公众多利益主体参与的土地保护运动

通常的误区是认为水质控制可以与土地利用和土地管理分开。澳洲是世界上最干旱的大陆，在这里，政府主管机构、地方流域管理机构以及社区基础的利益群体组织已经把土地利用和水资源之间的协调管理作为自然资源管理的基石。

在澳大利亚，有许多联邦的、州的以及地方机构的组织参与水资源管理，包括水资源的有效利用、水资源的分配、水资源的政策、用水法规、相关的水资源监测以及可持续水资源的战略规划。实际上，在澳大利亚的水管理中存在着太多的政府的、非政府的和商业的机构，这说明澳大利亚特别重视水资源。

国家级部门负责提供政策框架，使各个利益群体能够进行水资源使用、出售、买卖、治理、储存和运输等活动。相关法律以及环境保护部门进一步规范水资源利益相关者的个人活动让他们清楚了解他们什么能做，什么不能做。但是，从过去的经验看来，极端干旱的环境以及在水资源使用、循环、交易和存储中不负责任的行为相当严重，必然会引起公共关注。人们认识到土地和水资源两者是相互依存的。澳大利亚的土地保护运动（以下简称为土保运动）是一项由社区中广泛兴起并影响巨大的运动，它得到了政府和商业组织的支持，旨在寻求城市和乡村中土地和水资源的可持续管理。

这个案例中我们将简要考察土地保护运动，从中可以学到一些经验，使中国所有的主要利益相关群体参与土地和水资源管理项目中。在启动之初，土地保护运动并不是要代替已运行的水用户协会、地方水管理机构或者环保部门的角色。土地保护运动具有独特的公共—私人—合作伙伴（PPP）框架，它同伙伴框架具有水资源利用、水质量以及相关的土地管理方面的共同目标。下面我们会举出一些例子，看出土保运动如何动员个人、农户、社区、商业组织以及政府共同行动达到更好、更可持续的土地和水资源管理效果。

1. 土保运动的内容

土保是一个由社区（个人和群体）、政府（联邦、州和地方）以及私有企业构成的一个公共—私人—合作伙伴（PPP），这种方式使社区成员愿意去做一些实际的事情以保护和恢复环境。土保运动启动于1989年，是由“全国农民联合会”、“澳大利亚保护基金”和澳大利亚政府公共福利部门共同发起的，它的战略是通过基于利益相关群体的活动来缓解土地退化。此后，成千上万个土保小组出现了，到2010年为止还有至少4500个相当活跃，他们共得到来自政府土保项目资金约为10亿澳元的资助，与此同时，来自私人的部分以及志愿者的各种投入的合计要高于政府的资金，不过显然政府有保障的投入是一个强大的催化剂，这使土保小组能够发动志愿者，提供关键的工作费用并且鼓励企业进行资助。

从框架上来说，土保的公私伙伴模式的理念来自于非盈利组织，1989年注册的“土保澳大利亚有限公司”，致力于推动和资助全澳的土保运动。这个组织的目标包括：

（1）筹措资金帮助土保小组进行地方基金募集和土保意识宣传活动；

（2）帮助企业与社区共同进行环保、重启可持续的农业，并提供合作基金、人员以及相关的资源；

（3）保障得到来自法人部分的资助；

（4）发动一些公共宣传运动，包括全国土保周，海岸保护周以及全国土保资金募捐活动等；

（5）协调专项的土保项目；

（6）出版澳大利亚土保刊物。

土保运动强调以自我服务的形式进行自然资源的管理，这种自我服务是在当地社区的承诺和专注的支持，而各级政府的资助主要是针对社区。作为一种有广泛社会基础的社区运动，土保引导地方小组专注于对他们重要的核心地块和水环境问题，这样他们得到了空前稳固的民众支持。土保PPP模式从重视社区、政府和企业之间平衡的方式中受益。这方面特别显著的原因显示在以下几方面：①小组带头人在社区的发展中进步；②小组成员能够保证专业的、科学设计的建议和行动将能提高他们行动的效果；③环保的“红利”能够使小组成员和社区广泛受益；④通过生态知识的传播、适度且细致设计的经济激励以及支持性政府氛围的建立，政府的支持效果特别显著。

到2010年还活跃着4500个志愿性社区土保小组，包括针对河流保护、城市土地保护、海岸保护、灌木林保护和可持续农业等方面的专门小组。到2015年，联邦政府将要投入2亿澳元的资金来支持土保项目在私人土地、农场、流域以及地理边界交错的意义重大或生态敏感的区域等方面的活动。土保小组推动至少全澳40%的农户参与了集体的活动，其中的合作者包括土地所有者、企业主和社区等。在乡村的土保小组经常会完善其他土保小组的活动。例如，基于农场的土保小组志在防止或恢复由放牧造成的流域和河岸环境损害，他们完善了河流保护小组的工作：通过环保行为来更好管理排水渠，并在渠边植树，因为70%的水渠都在农户的管理下，他们这种完善工作对于水质保护是十分重要的。

2. 土保意识：原则及其利益相关群体

在澳大利亚，“土保”已经是一个品牌。最近的研究表明，公众的土保意识以及对于土保小组工作的知晓率超过了60%。生活在乡村社区，特别是在小流域附近的居民，认识到他们的生计依赖于水资源，土地保护的意识更高。结果是，土保的制度演变成了一个强大的志愿运动，官方正式确定为社区土保运动，并且超出了农户和乡村居民的范围，扩展到中小学生、城市居民和海边人群。

社区土保是一个强大的志愿力量，改变了澳大利亚乡村和城市的土地利用景观。这项运动已经植了几百万株树木，此外还有灌木和草坪，恢复了海岸带，通过减少水土流失、清除水边朽木提高了水质，保护了当地物种，为野生植物重建生境，改善了植被覆盖度，改善了放牧方式并加强了土壤管理，恢复了海边沙丘以及一些著名的休闲地带。

土保中的环保内容中获得了强烈的社会关注。土保使社区更加深刻认识到合作解决当地环保问题的必要性，合作的意义在于自然资源管理的挑战超越了个人的能力。土保运动PPP的独特模式，在提高意识、发动社区以及支持合作行动中达到空前的效果。它促使民众、企业和政府采取更有效的行动来管理土地和水资源。

20年的土保运动使澳大利亚得出一些指导性的原则，即在自然资源管理中必须要以成功的社区参与为基础，指导原则具体包括以下几条：

（1）提出一个明确时间段内可分享的目标和产出；
（2）合作成员之间对各自的责任达成共识；
（3）地方小组、专家和公共部门代表之间包容性的合作；
（4）灵活和创新的能力以保证“公私伙伴”机制能够应对地方需求和挑战；
（5）对于公私伙伴中的各个合作者都有足够的资源来满足完成所承担任务的需求。

任何一种PPP模式都需要主要利益相关群体的参与。在土保运动中，利益相关群体包括：

（1）个人；
（2）社区，通过当地土保行动小组、俱乐部、专业协会、法人组织和基层运动来工作；
（3）土地所有者或土地管理者；
（4）土保组织和其他与土地、水资源保护相关的民间组织；
（5）私人企业和法人的参与；
（6）水和流域的管理机构；
（7）政府，包括各级政府。

对于个体参与者，他们的角色是：

（1）在他们的日常生活中负起环保责任；

（2）提高他们的意识，认识到自然资源管理的重要性；
（3）成为地方环保小组中的活跃分子，成为地方、州或联邦层次网络和顾问委员会的成员。

社区的作用包括：
（1）推动成立地方行动小组；
（2）在学校和社区小组中推动对环境负责任的行为；
（3）在管理公共土地中，让地方民众和当地专家积极参与；
（4）推动地方民众形成可持续发展网络、进行环境教育以及基于社区的自然资源的管理，如用水户协会。

土地所有者和管理者的作用包括：
（1）学习和采用可持续方法提高土壤和水资源的利用效率；
（2）提高他们对水和土壤的管理技能；
（3）加入并成为土保小组的积极分子；
（4）提高他们对自己角色的认识，通过保护水和土壤以得到更好的社会与私人的回报，从而进行土地和水资源使用活动相关的投资。

NGO、各级土保机构的作用是：
（1）为那些支撑土保运动的理念和规则争取政治支持；
（2）宣传来自各个土保小组的经验和信息；
（3）协调和监督他们管辖范围内独立小组所进行的土保活动；
（4）推动自然资源管理中的政策支持和公众参与。

私人企业和法人的作用是：
（1）在他们的经营中采用对环境更加负责的方式；
（2）鼓励土保小组的发展和活动；
（3）鼓励土保小组作为他们的活动成员，尤其是在对水质和土地生产力的监测过程中的活动；
（4）提供正式或非正式的教育机会，以宣传有关对环境负责的行为方式；
（5）为社区提供活动和政策的信息；
（6）通过与地方社区交流来得到他们的支持以提高自然资源管理效果；
（7）收集项目和出台政策之前土地和水资源使用者的反馈意见；
（8）对于那些与机构目标一致并有明显实际效果的土保活动给予资助；
（9）建立一种强化机制，促进土保运动的利益相关群体参与自然资源管理的规划和决策。

政府的作用是：
（1）批准土保小组或网络进行可持续发展与负责任的自然资源管理的活动；

（2）宣传和鼓励按照土保理念开展的社区健康和福利环保性活动；
（3）建立制度与立法确保不同土保活动的资金分配；
（4）为土保活动提供资金和人力资源的帮助，这些土保活动包括小组网络、研究结果、发布报告和宣传等。

上述提到的角色和目标在全澳大利亚的土保运动中有多元的方式，下面可看一些案例。

土保的案例：
土保项目：在Tasmania的养殖园区中引入湿地进行废水处理
土保小组：Tasmania园艺公司
主要产出：

- ◆ 提高公司生产过程中对水质相关问题的敏感度（如沉积物和营养物的处理）。
- ◆ 提高人们对于湿地在农业园区水处理中作用的敏感度。

项目内容：

- ◆ 通过建立湿地来处理废水；
- ◆ 通过废水的重新利用来提高水质；
- ◆ 在三个养殖生产园区建立湿地。

水的使用和污染是澳大利亚种植和养殖园区的严重问题。许多州已经出台政策要求每个园区都要有流动水源。这个项目旨在帮助工业区进行水资源管理并开展试点项目。

WWN项目中的土保参与者：Tasmania苗圃和园艺工业协会、私人园区、Tasmania 技术和教育大学（TAFE Tasmania）、澳大利亚园区（公司）、Tasmania农业、水和环境厅（DPIWE）、州农业厅。

农业部门提供的湿地专家进行了建立人工湿地可行性的评估，这些人工湿地要起到沉积、过滤、芦苇床和蓄水池的作用。这些做法完全可以在奶牛生产园区中采纳。

一个具有更广泛借鉴意义的做法是重复使用经处理的废水，同时也可以用在提高水质方面。这个项目提高农业园区对于水质恶化问题的敏感度，同时他们对于自己生产中自觉行为以及流域的整体环境管理有更多的认识。这个项目也揭示出Tasmania境内农业园区普遍缺乏提高灌溉技术的知识。

3. 土保运动中的一些具体项目

1）提高维多利亚州草莓生产的可持续性（SSP）
土保小组：维多利亚州草莓产业发展委员会（VSIDC）
项目产出：

- ◆ 草莓种植者农场行动规划；

◆ 降低草莓农场在营养物质、土壤和废水的排放；
◆ 开发农场生产、生活以及教育的培训资料；
◆ 提高农场的利润率和产出率。

关键步骤：

◆ 提高生产可持续性；
◆ 降低土壤养分的流失和废水排出量；
◆ 通过生产和生活方式的多元化改变来提高农场收入。

项目的参与者

维多利亚州草莓产业发展委员会，草莓生产者协会（VSGA）、州农业厅。全澳的1/3草莓生产者依靠飞利浦港和西港湾周围肥沃土壤。农业产业需要使土壤、水和养分物质密集投入，因而存在巨大的土壤和养分流失的风险，特别是在农区不重视水和养分物质管理的情况下。行动计划立足于日常生产活动以改善养分和水流失的管理，这些措施包括在排水渠旁植水生植物，利用本地树种和植被来覆盖湿地，在水沟边种草来改善暴雨（冲刷）的情况，建设沉淀塘、坑和渠，改变草莓沟垄的方向以降低垄间水流速度等。这个项目建立示范点来展示如何使用草皮、栽植水生植物以及更好地管理流失问题、提高作物产量和居民收入。

2）Cas 奶业污水项目（DEP）

土保小组：奶业污水管理小组，Timboon,Victoria

主要产出：

◆ 提高农场主在污水管理中的投入；
◆ 提高饲草的产量；
◆ 防止CURDIES流域蓝藻的蓄积；
◆ 提高农场的利润和产量。

关键措施：

◆ 改善草场和作物的管理；
◆ 牲畜管理；
◆ 农场水循环利用和水质控制；
◆ 控制排水沟中的蓝藻。

项目的参与者：Timboon地区的奶业农场主、Cas农业与环保局。

奶业污水已经成为排水沟中营养成分的主要来源，带来了蓝藻以及其他的环境危害。奶业污水在强降雨地区是重要污染源，其影响中包括蓝藻。州政府农业厅下属的流域和农业服务机构启动了奶业污水治理项目，通过实施环保条例来补充相关的技术推广措施。这个项目采取了对农场进行逐个访问的推广方法，项目人员与奶业和农场土保小组的访谈并体验生产过程。采纳奶业污水管理系统的农场主和园区建设者与土保小组合作使农场主能够得到各方面的建议。农场主认识到随意排放污水的行为不会被社会认可，并且也认识到污水可以成为有价值的可利用物质用于农场生产。从2003年7月开始，项目已经与390个农场进行合作，建立了3个示范点，在州的南部实施了2个产业培训课程，小组成员们已经在这个区域范围内给不同群体做了50多次报告。

3）防旱农场的水网系统

土保小组：杰维斯海角（Capejervis）土地管理小组（CJLMG）

主要产出：

- ◆ 提高农场对水网系统的投入；
- ◆ 改善地下水水质和灌溉管理；
- ◆ 降低盐度和水涝；
- ◆ 提高农场的利润和生产率。

关键措施：

- ◆ 草场管理；
- ◆ 牲畜管理；
- ◆ 灌溉和水质改善。

项目参与者：Fleurieu半岛农场、沃尔沃斯（Woolworths）有限公司、南澳农业管理部门。距阿德雷德(Adelaide)南90千米的，半岛南部的农场生产肉牛、奶产品和羊肉。这个地区每年有3万旅游者，半岛内的一些湿地已经被列为生态脆弱区。干旱使农场缺水，那些在深湾保护区内的农场主已经使用水网系统来抗旱以保护河流和溪流的环境。沃尔沃斯公司提供了一个可持续农场基金来推动农场主更有效地利用水资源。土保组织发动保护小溪，用栅栏来防止牲畜对溪水的破坏，同时通过水网为牲畜提供饮水服务。农场主本身需要自储水来满足冬季水供应并且把这种作法与在项目范围内使用水网相联系。2009年水网系统完成，并向土保小组成员和更多的农场社区展示。由于牲畜的减少，地方湿地和水滨带的水质得到提高，更清洁水源促进了农场生产。项目说明，农场主可以保护农场的水资源并同时收到环保收益。与邻里合作是必要的。

4）昆士兰州防止城市发展影响Bulimba湿地项目

土保小组：布里姆巴（Bulimba）海湾流域协调委员会

主要产出：

- ◆ 提高社区对湿地系统的认识；
- ◆ 改善草场管理以及扩大野生动物生存环境；
- ◆ 提高水质；
- ◆ 提高湿地生产力；
- ◆ 建立相关信息知识库以及教育和志愿者项目；
- ◆ 排水沟状态监测的协调；
- ◆ 启动环境意识教育平台。

关键措施：

- ◆ 污染物和草的管理；
- ◆ 溪流岸边的恢复；
- ◆ 改善水质；

◆ 防止城市土地退化。

项目参与者：850个当地居民和农场主、Coles有限公司、库珀（Coopers）水价基金会（PWCF）、自然遗产协会、SITA（NGO）。

布里姆巴海湾流域协调委员会在Coles和PWCF等帮助下，在布里斯班内包括布里姆巴海湾的大部分宝贵湿地上恢复了122平方千米，以防它们毁于周边巨大的人口压力。使用Coles提供的基金，布里姆巴海湾流域协调委员会完成了历时3年的湿地恢复计划，所关注的是污染、草地害虫、多功能生态退化、水质改善、社区意识培养以及保护环境的意识。布里姆巴海湾流域协调委员会重点关注了6000种居民喜爱性地方植物，移植了100平方米的风信子草，恢复了7.5公顷湿地和未垦林地上的野生动植物，包括鹊、鹅，并挽救了3个花种。

5）Woady Yaloak流域发展管理项目

土保小组：Woady Yaloak河流域小组（WYCG）

主要产出：

◆ 提高社区对于湿地系统的认识；

◆ 改善草场管理并扩大野生环境；

◆ 改善水质；

◆ 提高湿地产出；

◆ 实施“三底线”流域管理评价方法。

关键措施：

◆ 流域管理以改善草场、农场和环境的产出；

◆ 社区承诺并参与草场管理、水土流失控制以及植树；

◆ 岸边植物种植以及提高水质。

项目参与者：1320名Woady Yaloak流域的土地所有者、地方政府、Ballarat大学、地方企业。

10年中，Woady Yaloak流域小组开始关注的是卷毛兔、水土流失、补植和改善草场，以此发展成为一个更广泛流域合作活动，并以此为基础建立综合的项目，以获得农场和环境的收益。整个流域的面积达到115000公顷，有河流和两个湖泊，其中之一是国际级湖泊。80%的面积由私人拥有，其他的主要为州有森林。流域内的主要问题是野生动物和生长在农场和水沟边的草、水生、水底植物的减少，排水渠淤积，由于淤积和营养排放所引起的水质问题。小组成立于20世纪90年代，是在以前成立的土保小组的基础上成立的。WYCG是由农场主主导，政府和企业资助的，它领导建立了4000公顷的多年生植物草场，植树135公顷，建立40公顷水土流失恢复区并且扑杀了20万只兔子。在WYCG成立的第二年，它拓展了重点策略，引进了经济、社会和环境的“三底线”框架。小组扩展了它的成员数量，吸收了学校、地方政府、大学和30个周边的土保小组。

6）市场导向社区发展模式下的自然资源管理

土保小组：Noosa区土保小组（NDLG）

主要产出：

- 提高社区的承诺与志愿活动；
- 创造就业；
- 提高湿地生产力；
- 实施“三底线”流域管理评价方法。

关键措施：

- 通过流域管理来改善草场、农场和环境的产出；
- 社区承诺并参与草管理、控制水土流失和植树；
- 创造就业；
- 把对土保小组赢利的再投资纳入环境支持活动。

项目参与者：NDLG公司、地方政府、地方居民和农场主、志愿者和基金会如环保基金会。

NDLG采用了一个企业式方法来经营土保。这个非盈利组织，建立于1991年，有300个成员和100个志愿者。它雇用23个职员和8个下级法人，每年营业额150万澳元。这个组织旨在帮助土地所有者减少他们对于环境的影响并帮助他们清除野草、控制水土流失和水质退化以及野草入侵。NDLG运作了两个非常成功的示范园区，每年生长120000种地方植物。整合的自然资源管理机构提供在私人和公共土地上的造林服务。这些经营性活动为土保小组带来2/3的收入，这些收入又投入到了那些不容易得到资助的环保活动中。两条河流域内的地方政府已经认识到土保小组在增强社区进行承诺专业活动的能力。这些基础促成了他们与其他区域级组织机构的合作，包括地方议会、Bernett Mary区域土保小组、东南昆士兰自然资源管理（NGO组织）。这种协调促进环保基金、州政府就业部门以及培训与博彩社区利益基金等机构来资助NDLG。NDLG成员认为，由社区运作自然资源管理活动时，所有的利益都可以惠及那些能够有利于整个社区的小项目。

7）Bournda环境教育中心项目（EEC）

土保小组：Bournda EEC, Wallagoot湖海藻类防治小组

主要产出：

- 社区承诺进行草地清理和监督草地的恢复；
- 发展治理海藻的技术；
- 社区对海藻防治意识的启动和教育；
- 提高海滨生产力。

关键措施：

- 针对社区应对海藻的能力建设；
- 应对海滨土地退化的社区能力建设；
- 社区的承诺和参与；
- 教育和启动社区环保意识。

项目参与者：BEEC、地方政府、地方居民、农场主和志愿者。

第一次在当地发现海藻是2007年，其繁殖方式是分裂，很容易分散并固定在新的环境中。Wallagoot湖绝好的光照有利于海藻的繁殖，它的繁殖速度十分惊人，对其他的物种有竞争优势，制服这种水草十分困难。到2008年6月，这种海藻已经覆盖了湖床的很大面积。成立了一个多方面的土保小组即BEEC来制服这种海里的野草。这个土保小组的成员分别承担了以下的责任：

（1）调查受害面积；

（2）对受害河床进行盐处理以及人工清理残余物质；

（3）长期监测那些受治理面积的效果；

（4）社区意识启动，包括开发培训资料用于学校，让他们参与监测点工作；

（5）通过立法和制定规范来保护封闭地带，并采取治理和效果监测；

（6）沟通以及小组工作协调。

8）其他的一些土保项目

- **提高企业获利能力、农村社区生存能力以及生态健康($350,000,2003-04)**

  这个项目为农场主、牧户以及机构人员提供整体管理培训，项目资助土地所有者进行土地围栏并建设饮水点，这样提高土地和牲畜管理；在示范农场组织研讨来传播相关信息。

- **在Glen峡谷水库滨水带管理项目**

  这个项目旨在保护水库水质，减少不断汇入溪流造成的水浑浊和营养过剩。因此，项目的目标是治理上游的流域。

- **治理Cudgegong流域牧场盐碱化和水土流失以减少对Macquarie河中的沉积($278,050,2004-05)**

  通过发展深根长年牧场并实施植树战略来示范集约牧场管理形式，项目要促进植物根系发展，增加有机结构、草覆盖度以及地下水。

- **中心高原土保项目：发动地方社区进行自然资源管理($158,195,2004-05)**

  为社区开发相关技术模块、建立交流平台、制定社区行动规划和项目，并且进行可持续农业的地方示范。

- **市场化园丁的培训和启蒙($90,000,2003-04)**

  项目以五种语言为2000个非英语园丁提供培训，他们负责悉尼盆地80%～90%的花卉市场，项目资助土保小组进行经营管理成功经验的示范，包括非化学方法来除草。

- **水滨围栏保护流入水并加强河口水质控制($19,500,2004-05)**

  项目促进土保小组和社区控制河岸水土流失，防止牲畜污水进入河水并应对牛误食毒草问题。

- **改善河滨管理，提高Tilligerry溪水流域水质($66,775,2007-08)**

  通过河滨管理、适度围栏、规划下的再植等措施综合在一起，帮助土地所有者积极参与改善土地和水质。这些措施使参与者直接从农业和水产业中受益。

- **可持续农业、牧业和园艺——在北部河流域CMA提高生产力和可持续程度($409,000,2004–05;$394,600,2005–06;$394,600,2006–07)**
  项目通过土保小组网络来传播提高可持续农业产出、园艺土地的利用以及管理水平，同时进行水土流失的控制、河滨保护和水质维持，并且提高和维持农场的生物多元化。

- **Crowsnest湿地鱼栖息地和农作项目($45,640,2007–08)**
  恢复和保护湿地内的鱼栖通道，帮助恢复河滨生态，同时这个项目还要示范农业生产的环保经验以及在海岸泛滥平原的水滨、湿地管理中可能的收益。

- **可持续土地使用中农场森林的作用示范项目($47,520,2004–05)**
  在示范的同时，通过研讨会、农场规划、平台、简报、信息单来宣传农场森林的作用。

- **从海潮到餐桌($350,000,2003–04)**
  通过土保小组、社区和产业小组的合作来恢复河岸植被，包括18个项目，都在直接向商业渔船活动的河口排水的区域。

- **土地与景观——连接可持续农场和健康流域($85,400,2005–06;$73,000,2006–07;$73,000,2007–08)**
  帮助生产者提高对于长年植物草场良好管理、多元河滨生态以及健康流域之间关系的认识。通过实地试验、研究和考察、自然资源管理信息中心等措施来弥补土地管理者在知识和技术方面的缺陷。

- **北Yarra土保活动——在Yarra河北部流域完成乡村土地可持续生产利用($62,000,2004–05;$59,000,2005–06;$59,000,2006–07)**
  提高意识及可持续农场管理技术的使用，包括建设6个缓冲示范带，以控制退化、盐碱化，作用围栏、控草和复植、实地工作并给土地经营者提供现场指导。

多年来，上述例子相类似的活动在全澳各地普遍实施。这些项目例子说明：

(1) 土保活动的形式多样可针对各种环保问题来使用；

(2) 社区和利益相关群体在发现和找到可持续、可承受解决土地和水问题的方法中起到特别重要的作用；

(3) PPP模式意义重大，同时公共基金能起到催化和支持的重要作用。

土保模式可用于许多不同问题、不同的制度、环境和文化背景下。因此，完全有理由希望中国也可以借鉴它以解决土地和水资源管理中的问题，当然在太湖流域水质问题中，也可以检验土保活动模式的意义和适用性。

案例7.2.4 维多利亚州女性信托中心的“澳大利亚水标志项目”

维多利亚女性信托中心成立于1985年。当时，维多利亚州政府为了感谢本州女性为维多利亚历史所作贡献和她们自身取得的成就，拨发了100万澳元作为支持维多利亚州女性的活动资金。现在，这家机构已经变成了一家非盈利组织，独立于政府运作，它既是一个慈善机构也是一个游说团体，捍卫女性应得的权利。维多利亚女性信托中心的基金项目向女性和女童投资，用来影响社会变化。该机构在影响女性生活的关键问题上支持女性。迄今为止，该中心已经募集了200万澳元，支持了300多个由维多利亚州女性发起的、能够对于改善女性地位产生重要影响的项目。

维多利亚女性信托中心最近完成的一项计划是“澳大利亚水标志（Water Marks）项目”——它采用全新的“自下而上”的思路对待社区参与问题。不断增加对水资源的了解是改变行为的关键，尤其是女性，她们比政府和水行业从业者处于更有利的位置。2000年，为解决澳大利亚国家水资源危机中面临的问题，信托中心推出了一个为期六年的项目，叫做“澳大利亚水标志”项目。信托中心创造性地发起了一个活动，叫做“厨房餐桌”社区对话过程，让社区参与到活动中，产生了深刻的文化变革。由当地女性以及男性组成小群体，利用做饭、吃饭的时间以及其他业余时间进行对话和交流，主要讨论与水资源的保护和有效利用有关的知识和经验。女性信托中心提供有关水资源利用的相关知识和倡导材料，旨在唤醒社区群众对于水资源知识的了解，以及如何在日常生活中和农业生产活动中节约利用水资源。

与几千名女性与男性之间对话的结果直接与科学家和技术人员的知识整合，加上信托中心的专长，三方共同撰写并发行了《我们的水标志》手册。目前，这份印发了37000多份的社区参考文件在整个澳大利亚发行，引领了各地、各行业男性和女性的行动——该手册不仅帮助补充中学和大学课程，还可用于商业企业发展自己的水管理战略，同时还激励当地人民和当地水资源管理部门共同合作。该手册共分3章，第1章讲述与水有关的基本知识，以及水对于社会经济的重要性。第2章讲述国家关于水资源利用的目标以及指导水资源改革的基本原则；第3章教育普通大众在各自的生活和工作中应该如何节约用水。手册分成这样几个主题：在商业公司及机构中应该如何做？农民在生产及农村生活中应该怎么做？在家里应该怎么做？公众和政府应该怎么做？这本手册影响如此之大，其中关于水资源有效性的定义已经被写进了《维多利亚议会有关墨尔本未来水供应询问报告》中。

为了促进乡村女性和城市女性之间的对话以及女性与政府、其他相关机构的对话，女性信托中心还在维多利亚州首府墨尔本市举行了关于水资源的对话活动，并给参加的乡村女性提供小额的资助，负担她们的一些差旅和食宿费用，鼓励乡村女性参与，表达她们的需求和愿望。

7.3 其他国家的公众参与案例

7.3.1 英国政府环境影响评价中的公众参与

英国在公共资源项目开发对环境影响的评估过程中，明确规定了公众必须参与评估。在20世纪90年代，英国政府就实行了《城镇乡村规划条例》，且在随后的日子里进行了2次大规模的修订；该规定强调某些大的公共资源项目且被人们认为对环境造成影响的项目必须有公众参与进行评估，这是英国在制定公共政策时不可或缺且非常关键的一个程序。公共资源项目的开发商必须向特定的机构上交自然环境的影响报告，在报告中要确认潜在的环境影响以及在计划中体现避免、减少与补救对环境影响的具体措施。环境影响报告必须要包含非技术性的摘要，相关部门机构必须在恰当的时期内公开征询公众的意见，且给予公众充分表达自己关于该项目的观点的机会。同时，该报告的副本必须向咨询委员会提交，特定的机构必须在准许此项目开工前做一个环境评估报告，而这个报告必须考虑相关全体公众以及咨询委员会的观点。

2007年11月，英国政府提出2020年准备在希斯罗机场北部建长达2200米的第三条跑道和第六个航站候机厅。这个消息引起了当地村民的激烈反抗，因为该计划将使附近50多个社区和城镇遭受额外的噪音污染。为了打消批评者的疑虑，政府于2007年12月特意出台了环境评估的分析报告，报告宣称希斯罗机场新的扩建工程将使噪音和空气污染控制方面达到要求。然而，报告收效甚微。2008年希斯罗机场当地的许多居民的家门前均挂着反对修建第三条跑道的标语，并由绿色和平团体组织等一些环境NGO组织先后举行了规模不一、各式各样的抗议游行和示威活动。绿色和平组织（一个国际环境NGO）在英国的分部发起了一个力挽狂澜的“买地再卖地”的行动。首先，绿色和平组织联合社会人士买下在第三跑道的规划用地中央位置的一英亩地，虽然这块地只能由4个人合法拥有，但“绿色和平组织”通过分开“拆分售卖”的形式，使更多的社会人士均可以免费“购买”，加入成为这块规划用地的“受益地主”，从而享有反对机场扩建每一个阶段的权利。而这样一来，这块土地的所有权被“瓜分”到世界各地，政府在实施扩建方案时只能遇到一道道难以绕过的槛，收购这块规划用地需要花费政府难以估计的时间和精力。

摘自：

[1] 侯小伏．英国环境管理的公众参与及其对中国的启示．中国人口·资源与环境，2004，14(5)：128。

[2] 蔡定剑.公众参与：欧洲的制度和经验．北京：法律出版社，2009：79－80。

7.3.2 日本琵琶湖治理中的公众参与

琵琶湖是日本第一淡水湖，今日清澈的湖水供应着流域内1400万人口的用水，谁会想到20世纪70年代其水质还是Ⅴ类。琵琶湖能取得今天成效，实属不易，经过了30多年的治理，耗资不下185亿美元。总体而言，它是源水培育、湖水治理、生态建设、政府主导、全民参与等多措施并举的结果，其中全民参与对治理效果功不可没。琵琶湖所在地政府在如何引导市民积极参与湖水治理，作了有意的探索。

1.确保治理信息透明和信息公开的时效

治理初始，琵琶湖所在地滋贺县知事在广泛听取民众、町、村长和相邻县、市的意见后拟定报告，送县议会批准，再提交国土交通省等相关部门，经有关部门协议后将计划报送总理大臣，再由总理大臣批准下达滋贺县知事和各有关方。总体计划确定后，滋贺县政府负责制定年度实施计划方案，报送中央相关省（如国土交通省、环境省、农林水产省等），同时抄送各有关地方机构和民众，全面听取各方意见，作修改后最终确定年度实施计划。

2.加大宣传力度借以提高公众参与湖水治理的自觉性

滋贺县政府为提高民众对琵琶湖状况的认识，县政府通过环境白皮书和县、市、镇、村的宣传报等形式，及时向居民提供琵琶湖的环境状况、环境保护对策实施报告；利用网络等媒体作为情报窗口，提供大范围的关于琵琶湖基础信息共享平台；通过环境论坛定期召开讨论等形式，确保环境信息的提供与交流，帮助公众不断深化对琵琶湖治理的认识。

滋贺县政府还进行了广泛的环境保护科普教育，如在琵琶湖旁边建起规模较大的琵琶湖博物馆，展示琵琶湖的演变历史，以及琵琶湖水质的变化情况和采取的环保措施等。还利用琵琶湖研究所、滋贺县立大学、水环境科学馆等场所和设施，促成企业团体间、个人间的交流，激发当地居民对琵琶湖治理和保护的热情，使居民的环境意识渐渐提高，把保护当地环境作为一种习惯和责任，立足从身边的小事做起，自觉配合琵琶湖年度治理活动开展。

3.鼓励市民把环境保护自觉落实到生活当中

滋贺县政府为了便于全民参与，把琵琶湖流域分成甲贺、草津、八日市等七个小流域，在每个小流域设立流域研究会，各研究会选出一位协调人，负责组织居民、生产单位等代表参与综合规划的实施。流域研究会的活动包括两方面：一是小流域内上、中、下游地区间的交流，不同区域内的居民到其他区域参加除草、种树、捡拾垃圾、调查水质和品尝对方区域种出的菜、稻米、鱼虾等新鲜食物，亲身感受加强湖泊综合管理和日常生活的密切关系。二是各流域之间进行踏勘、学习，包括河川、水路、水质、生物、寻找垃圾等踏勘调查，通过调查、交流、流域信息共享和交流等活动，调动每个人在生活中进行环境保护的自觉性。

滋贺县政府把每年的7月1日和12月1日定为当地的环保活动日，鼓励居民积极参加各种环保活动。例如，为减少垃圾量，实行绿色采购，即从物品采购阶段就考虑不产生垃圾，将厨房垃圾堆肥后循环使用；开展容器包装废弃物的收集；在每年的5月30日“无垃圾”日和7月1日的“琵琶湖日”，居民一起参加清扫活动等。

滋贺县政府在引导居民把环境保护落实到生活细节上时，还充分发挥个人、居民团体、企业、行政机关和研究机关等各种主体的具体特性，促进相互间交流，既发挥其各自的自主性，又能进行功能的有机整合，收到了事半功倍的效果。

摘自：蒋蕾蕾.日本琵琶湖治理对我国公众参与环境保护的启示[J]. 世界环境，2009.03。

7.3.3 美国塞拉俱乐部在参与环境保护方面“诉讼资格”的疑问

塞拉俱乐部是美国历史最悠久、规模最大、最有影响力的环保组织，成立于1892年，创始人是美国著名的环保人士约翰·缪尔（John Muir）。截至2005年5月，塞拉俱乐部共拥有超过75万名会员。100多年来，塞拉俱乐部在保护美国的荒野、野生生物以及自然美景方面做出了巨大的贡献，协助保护了超过15×10^7英亩的荒野和野生生物栖息地。它的宗旨是：第一，探究、享受并保护地球的荒野；第二，开展并促进对地球生态系统和资源的负责任的使用；第三，教育人们以更加人性化的方式保护和恢复自然和人类的环境质量；第四，使用一切合法的手段来实现这些目标。

塞拉俱乐部以一个对“保护和合理维护国家公园、禁猎区以及国家森林”有特殊利益的社员组织的身份，提起了诉讼，要求加利福尼亚州北部地区的美国联邦地区法院作出一个宣告式判决，并且发布一个禁令，制止联邦官员批准在美洲杉国家森林的矿金峡谷进行的大规模滑雪场开发计划。它依据的是《行政程序法》第10条的规定，即如果一个人因为部门行动而受到法律上的损害，或者受到在相关制定法意义范围之内的部门行动的不利影响或不法侵害时，可以寻求司法审查。

塞拉俱乐部认为，本案是一个涉及利用自然资源的“公益”诉讼，根据这个观点，它并没有主张受到质疑的开发行动将会影响到它或它的成员的活动或他们对矿金峡谷的使用，但是它坚持认为该工程将会对该地区的美学价值和生态产生不利的改变。地区法院支持了塞拉俱乐部的请求，发布了初步禁令。但上诉法院推翻了地区法院的判决，认为塞拉俱乐部缺乏诉讼资格，而且它并没有证明它受到不可挽回的损害。上诉法院确认：“只有当一个人能够证明他已经受到损害或即将受到损害——不论是经济性的损害还是其他的损害时，他才享有根据《行政程序法》寻求司法审查的诉讼资格。在本案中，由于塞拉俱乐部并没有主张它或它的成员受到任何特定的损害，因此缺乏提起诉讼的诉讼资格”。

案例进一步上诉到最高法院，最高法院维持上诉法院的判决。最高法院认为：要具备“诉讼资格”，当事人必须证明自己受到“实际损害”。“实际损害”并不只是要求造成一个可辨认的损害，它还要求申请进行司法审查的当事人本身就属于受到损害的人中的一员。塞拉俱乐部并没有证明它或它的成员受到“实际损害”，因此塞拉俱乐部没有诉讼资格。

但最高法院承认：美学和环境方面的福利，就像优裕的经济生活一样，是我们社会生活质量的重要组成成分，许多人而不是少数人享受特定环境利益的事实并不降低通过司法程序实施法律保护的必要性。这显然是一个巨大的进步，非常有利于“公益诉讼”的展开。

道格拉斯大法官持反对意见，在他的反对意见中，他提出了著名的“自然物诉讼”的观点，在环境法领域产生了深远的影响。布伦南大法官和布莱克门大法官在反对意见中指出：当法院用根源于传统的诉讼资格观念的程序性限制来考虑和评估环境方面的诉讼时，往往会一筹莫展。他们认为，既然环境问题与每一个人都息息相关，那么，一个众所周知的为他所主张的环境价值代言的人就应当具有诉讼资格。即法官们在意识形态上逐步承认公众在环境保护方面的参与的作用（认为个人或相关组织应该具有他所在环境的代言人的诉讼资格）。

摘自：汪劲．环境正义：丧钟为谁而鸣——美国联邦法院环境诉讼经典判例选[M]．北京：北京大学出版社，2006：55−56。

7.3.4 加拿大环境可持续发展中的公众参与和咨询

经过20多年的探索与实践，加拿大在环境可持续发展的公众参与和咨询方面，形成了一整套较为完备的环保公众参与的机制和制度设计。其中的核心要素为：

（1）健全的环境保护法律体系，为环境保护中的公众参与奠定了坚实基础。加拿大的环境保护法律法规涉及诸多方面，其中较重要的有：环境评价、污染物控制与排放、杀虫剂使用、水污染防治、空气污染防治、鱼类、迁徙鸟类、濒危物种及其栖息地保护、公共健康保护、危险品运输及泄漏应急反应、废品管理、公路管理和文物保护等等。在法规完善的同时，政府加大执法的力度和可操作性。安大略省水资源法规定，违法者若是个人，最高罚款可达2.5万加元或监禁；同样，联邦环境保护法规定，个人违法第一次罚款可达1000加元，第二次2.5万加元或监禁。较完善的环保法规和得力的执行使政府的各项环境保护政策得以顺利实施，并迅速产生明显的成效。

（2）中立的环境评估机构。加拿大有多个评估机构，包括环境评估署、评审委员会、咨询委员会等。其中环境评估署属于政府部门，其根据环境评估法案建立，向环境部报告，但与环境部是两个不同的机构。环境评估的涵盖面非常广泛，包括环境、经济、社会、生态、文化等。公众参与不仅仅是在项目开始前进行，而且一直存在于项目运行过程中，就新产生的问题不断进行协商。这是完成环境评估、获得项目批准必须满足的条件。环境评估署通过环境评估，在保证项目的可持续性、在经济发展与环境保护之间寻求平衡点的过程中，发挥了很大的作用。

（3）完备的公众参与、协商机制。通过各种形式的参与活动，比如成立社区联络委员会、组织圆桌会议、公展会、市政大厅会议等多种公民参与方式，把不同背景的人、所有的利益相关方组织在一起，就某一个共同关心的问题表达各自的意见，寻求解决问题的方案。加拿大相关政府部门已经形成这样的共识：通过让公众参与决策，把公众的合理意见、利益诉求考虑进去，并纳入到项目规划中，使公众参与成为政策制定的一个必要的环节和程序；因为他们确信，公众有关当地的一些地理知识、管理经验及有关濒危物种的环境信息等，对于完善项目规划来说非常重要。

（4）环境NGO的力量。加拿大环境NGO的种类很多，而且公众与媒体一般都比较信任，因此，NGO力量也比较强大，能够成为影响政府决策的一支重要力量。具体来说，目前，与联邦政府打交道的环境NGO大约有1000个，与省政府打交道的小型NGO更多。政府与NGO的合作并非很融洽，二者意见有时相同，有时相左，环境NGO给予政府很大的压力。但二者的合作还是很有价值的。

加拿大政府在1982年建立的环境网络是一个独立的机构，有很多的专家、政府官员加入。环境NGO成立虽然不需获得政府批准，但若要加入环境网络，则需要告知。如果不同的NGO对某一个问题持相反意见，环境网络会提供一个平台，让NGO之间相互交流、辩论。参与的代表由NGO自己提名，而非政府提名，以确保公正。环境网络的工作主要是在政府部门与持尖锐批评意见的环境组织之间提供一个缓冲带。加拿大环境部越来越认识到，利用环境网络下的环境组织开展工作很有价值，花很少的钱可以办很多的事情。

(5) 媒体及舆论的力量。新闻媒体被称为“无冕之王”，公众一旦知晓有关环境损害的信息，会及时向当地媒体、电视台报料，而媒体一般也能客观地报道相关事件。例如，多伦多市的水污染事件中，NGO通过召开新闻发布会向媒体提供信息，利用媒体的力量获得了成功。不久政府即拨款1300万加元用于维修全市的下水道管网。事实上，当地居民提出维修申请已10年，但却没有任何结果。这一次的成功主要归功于三大元素的结合，即环境权利法案、有声誉的NGO、媒体的力量。

摘自：林梅．环境可持续发展中的公众参与——以加拿大为例[J]．马克思主义与现实，2010.01。

参考文献

[1] 刘永功，刘燕丽，等.参与式扶贫规划与项目管理.北京：中国农业大学出版社，2007.

[2] 奥尔森.集体行动的逻辑，陈郁，等译.北京：人民出版社，1995.

[3] UNDP，中国发展基金会.中国人类发展报告2005年——追求公平的发展.

[4] “在国际劳工组织成员中提高社会性别主流化能力”中国项目组.提高社会性别主流化能力指导手册.北京：中国社会出版社，2004.

[5] 中国女性研究会.女职工权利及社会性别平等基础知识.2001.

[6] 实用性别主流化手册，UNDP，www.women.org.cn/zhuanti/xbyspx/04.doc2007-11-12.

[7] 王朝纲，李开孟.投资项目社会评价专题讲座.中国工程咨询，2004，3-11.

[8] 刘永功，刘燕丽，等.参与式小流域管理培训教程.北京：中国水电出版社，2008.

[9] 季仲赟.社会性别预算：理念、实践与路径选择.中国社会科学院研究生院硕士学位论文，2009.

[10] 雒佩丽.外部干预条件下的参与式灌溉管理研究——基于河南省农民用水户协会的案例研究.中国农业大学博士学位论文，2009.

[11] 陈至立.男女平等基本国策讲话稿，www.fsfl.gov.cn/zifl_1028864/ldjh/201010/t20101014_1901062.html.

[12] 杨飞虎.公共投资项目决策公众参与研究.学术论坛，2010，2.

[13] 黄宝成，施清芬.“边际社会成本理论在环评中应用的实例分析”，上海环境科学，2000，6.

[14] 刘伯红.社会性别主流化的概念和特点.现代妇女，2011,359 (1)：71-77.

[15] http://my.poco.cn/space/blog/blog_details.htx&blog_id=4885251：闲说男女平等2008-03-05.

[16] 董红，朱秋安.具有社会性别敏感性的农业科技传播模式探索，安徽农业科学，2008,36 (29).

[17] 刘澄.台湾社会性别主流化的实践.中华女子学院山东分院学报，2009,83 (1)：12-17.

[18] 施国庆．非自愿移民：冲突与和谐．江苏社会科学，2005（5）：22-25.

[19] 长江论坛．cjw.com.cn/ad/yangtaeforum/detail/20080904/105553.asp.

[20] 国家农业综合开发办公室.农民用水户协会带头人（印刷版），2009.

[21] 王远，等.环境管理社区参与研究——社区污染控制报告会.中国环境科学，2003，23（4）.

[22] 农家女杂志社．社会性别培训手册，2005.

[23] 肖扬．“社会性别平等主流化”发言稿整理.天津，2006.

[24] [英] 阿特金森，[美]斯蒂格利茨．公共经济学．蔡江南，等译．上海：上海三联书店，1992.

[25] 约翰 · 利奇．公共经济学教程．孔晏，等译．上海：上海财经大学出版社，2005.

[26] [美] 曼瑟尔 · 奥尔森．集体行动的逻辑．陈郁，等译．上海：上海三联书店，1995.

[27] 俞可平．治理与善治．北京：社会科学文献出版社，2000.

[28] 李小云．普通发展学．北京：社会科学文献出版社，2005.